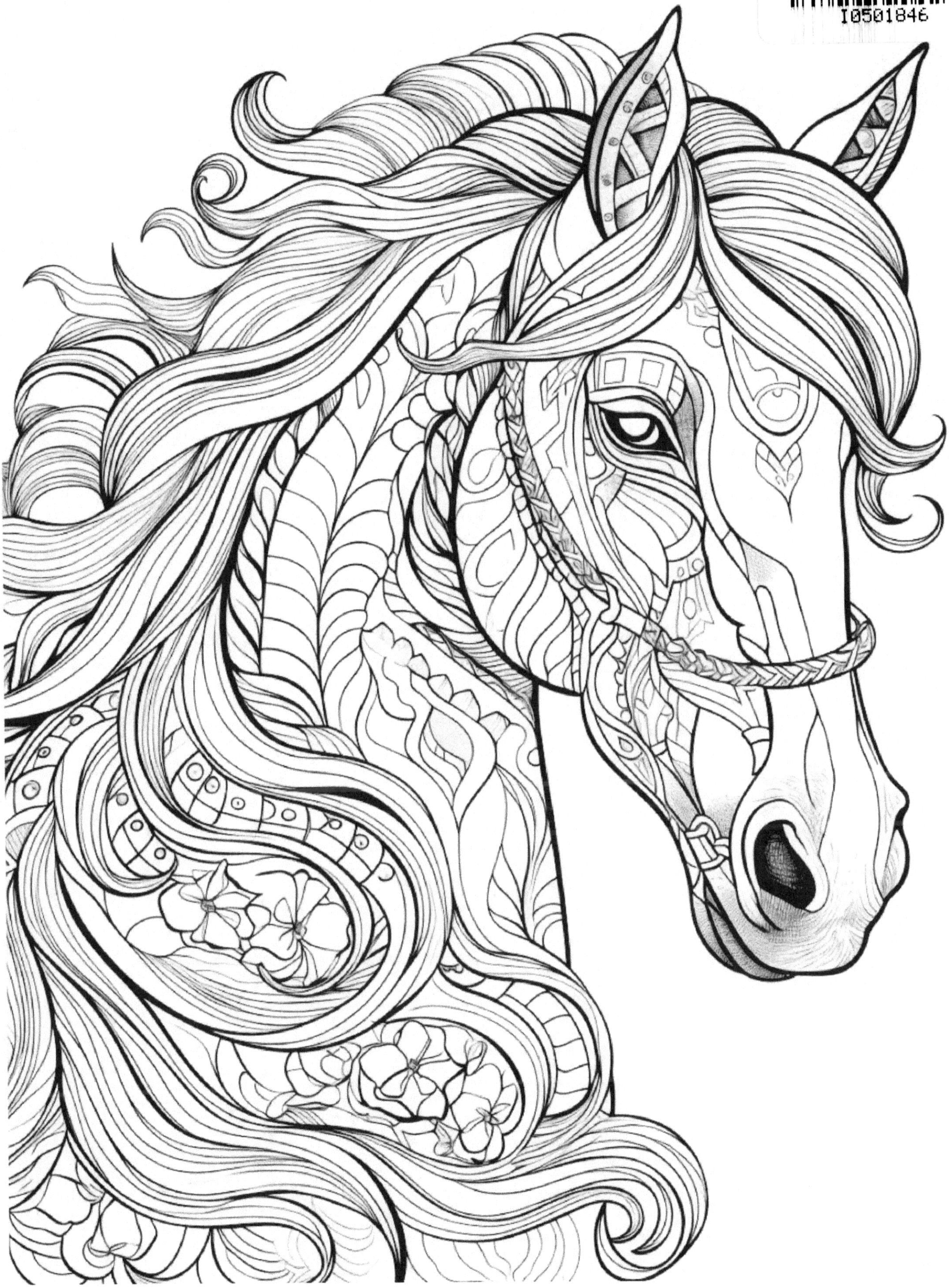

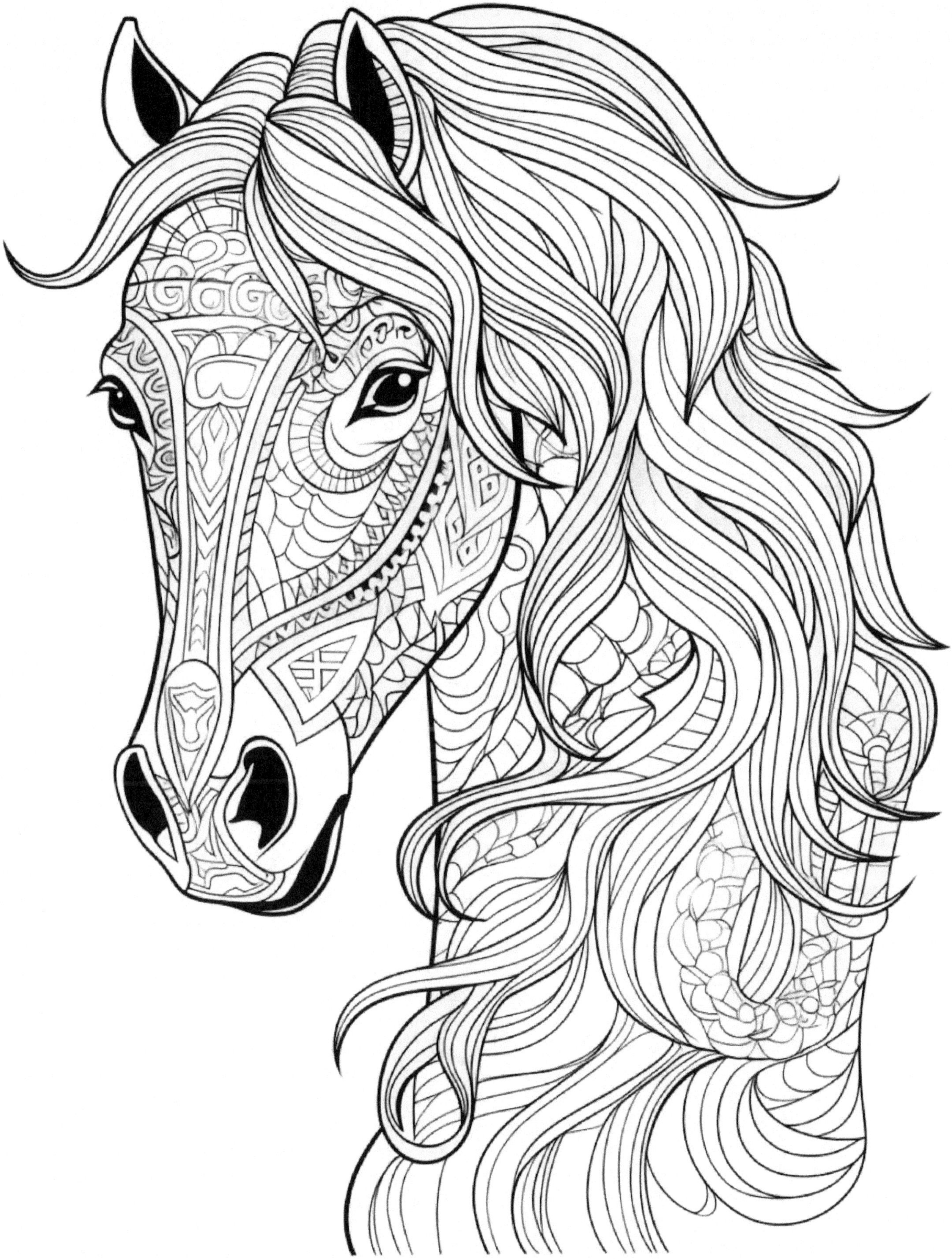

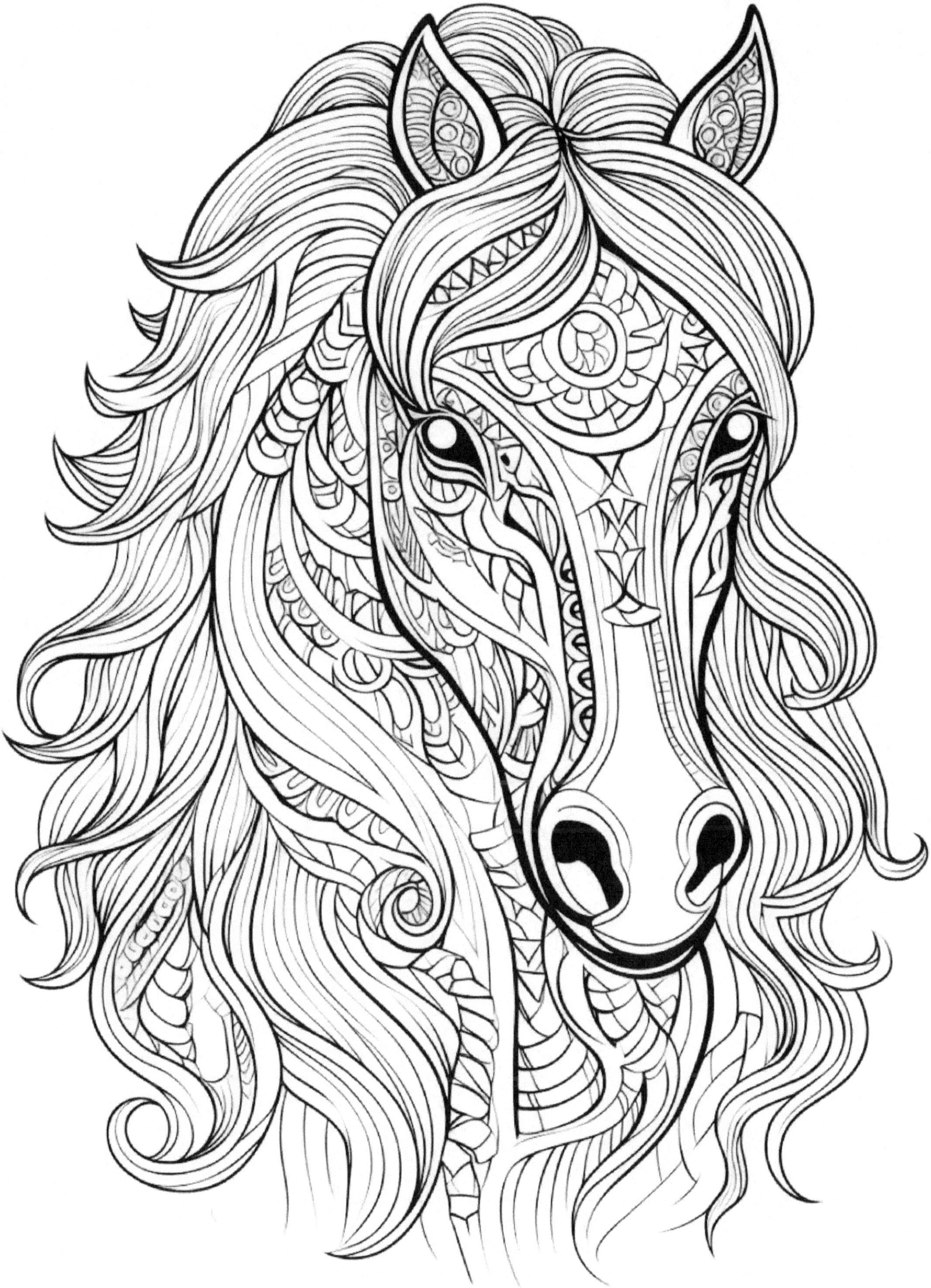

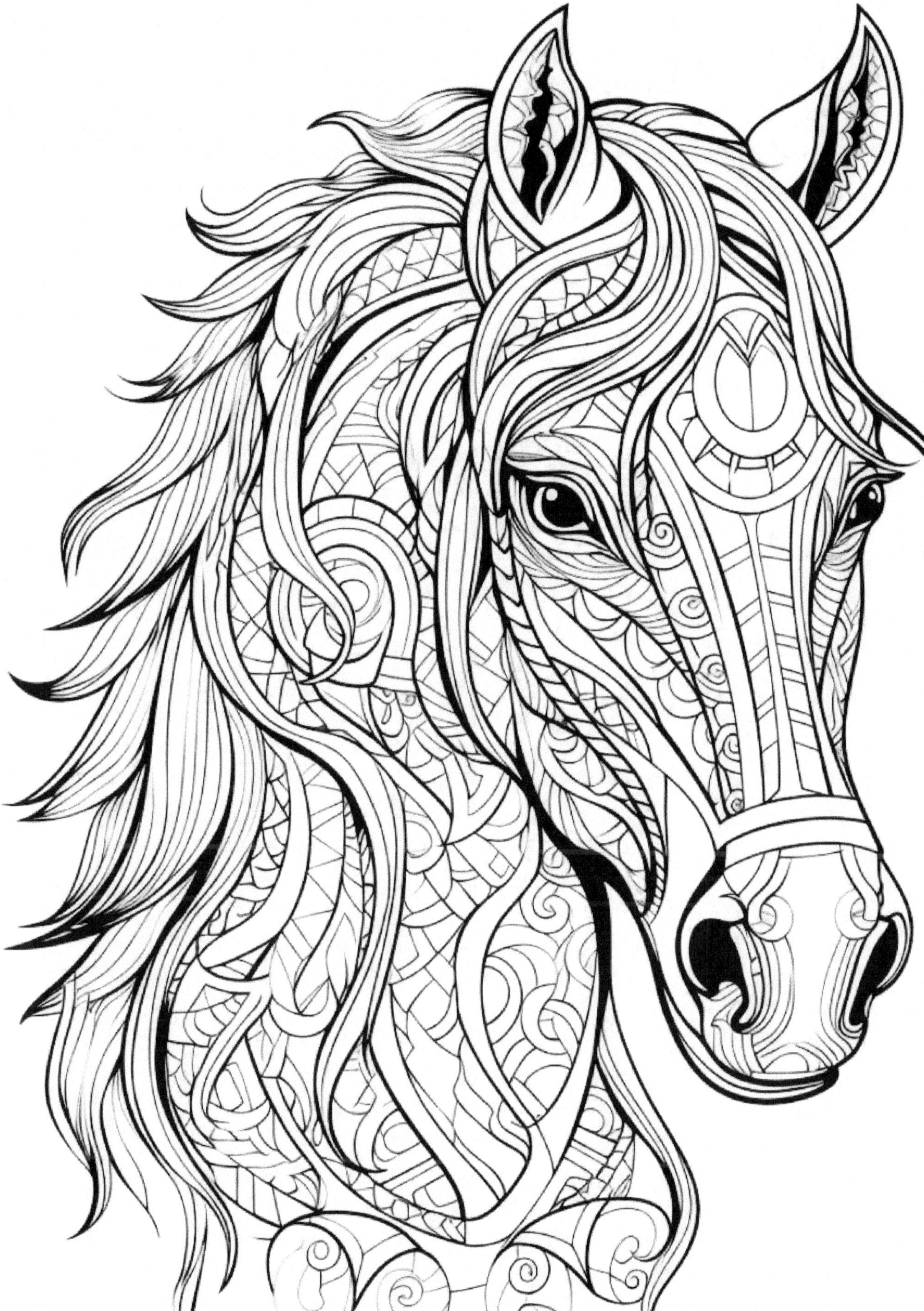

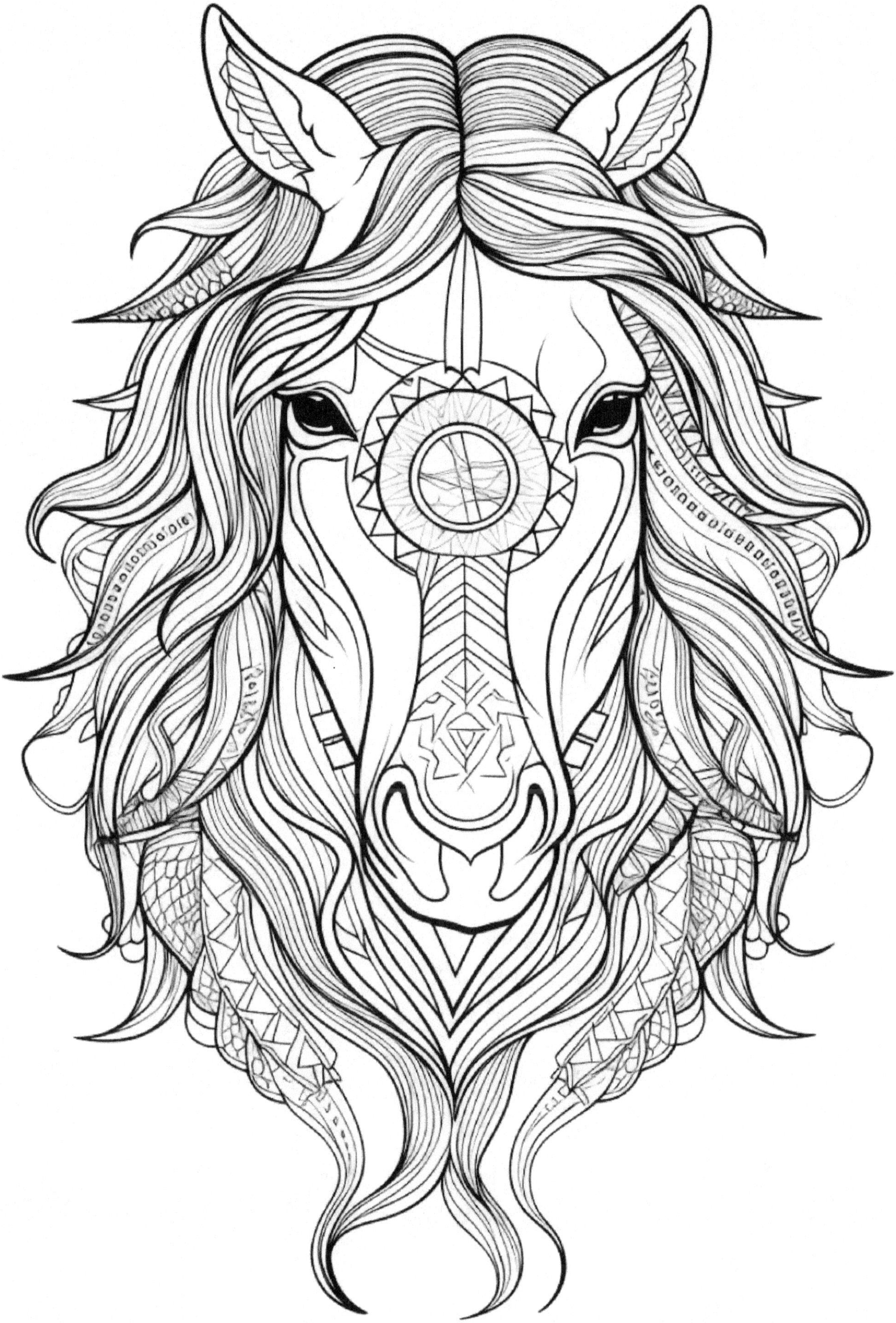

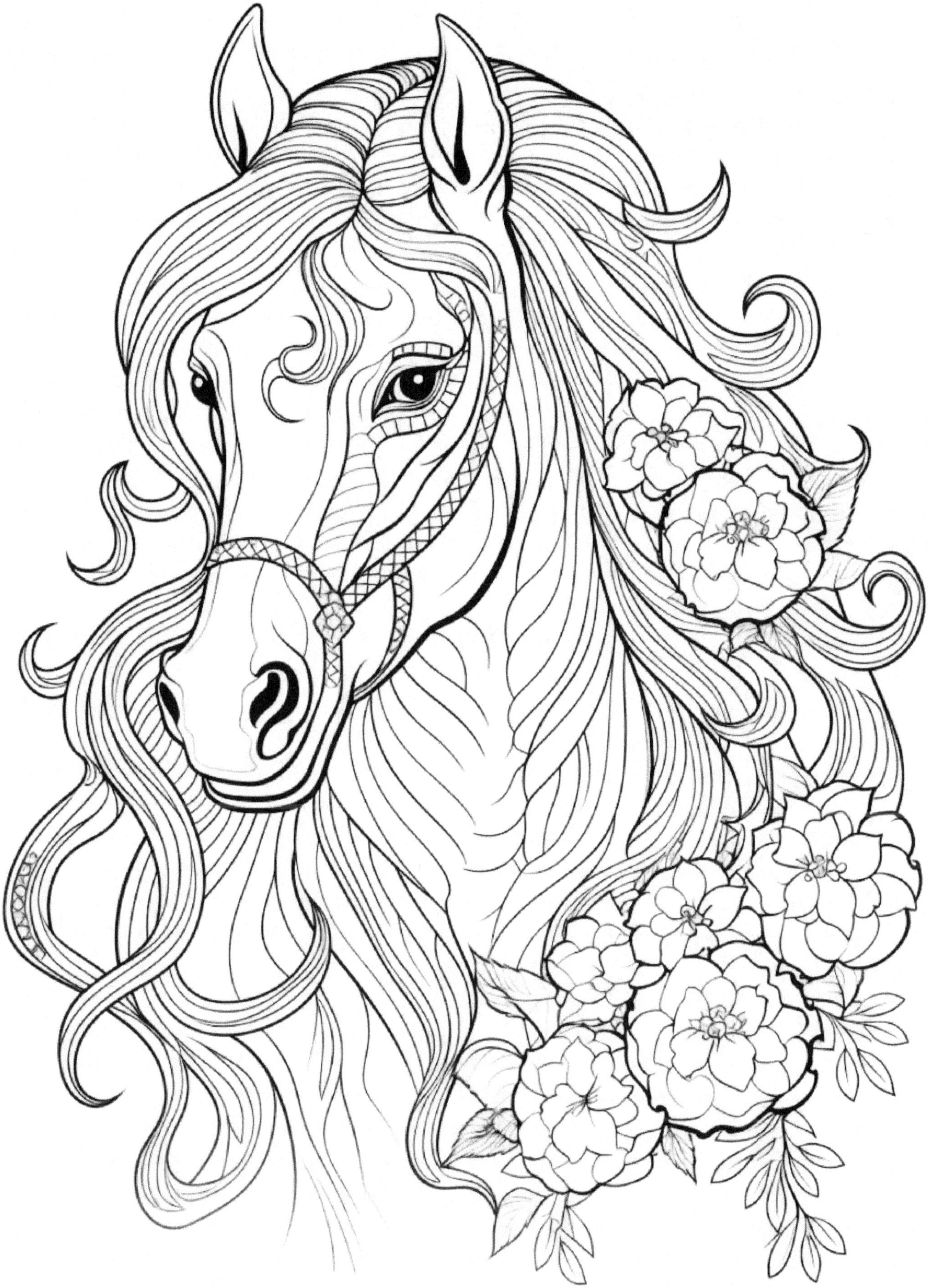

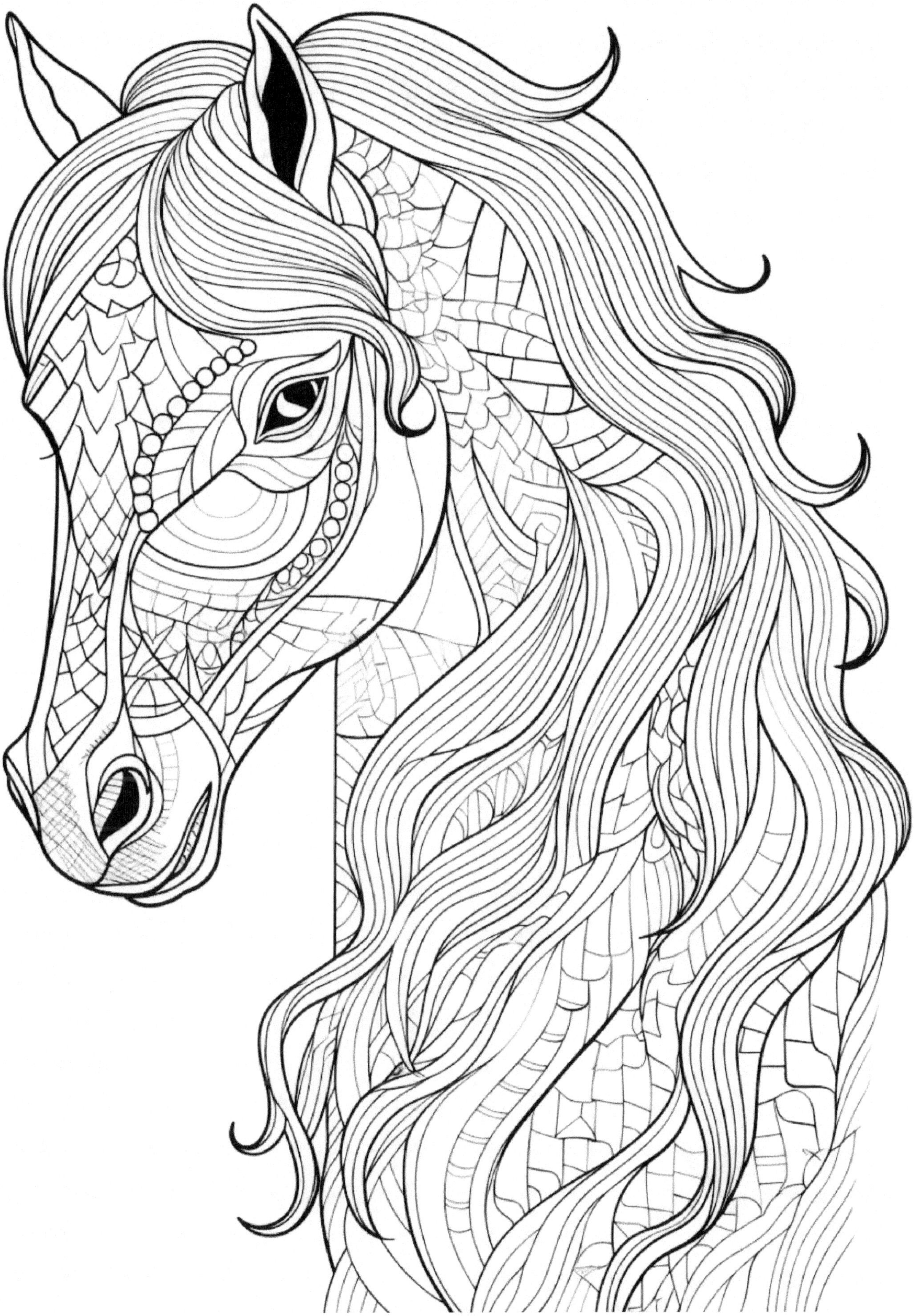

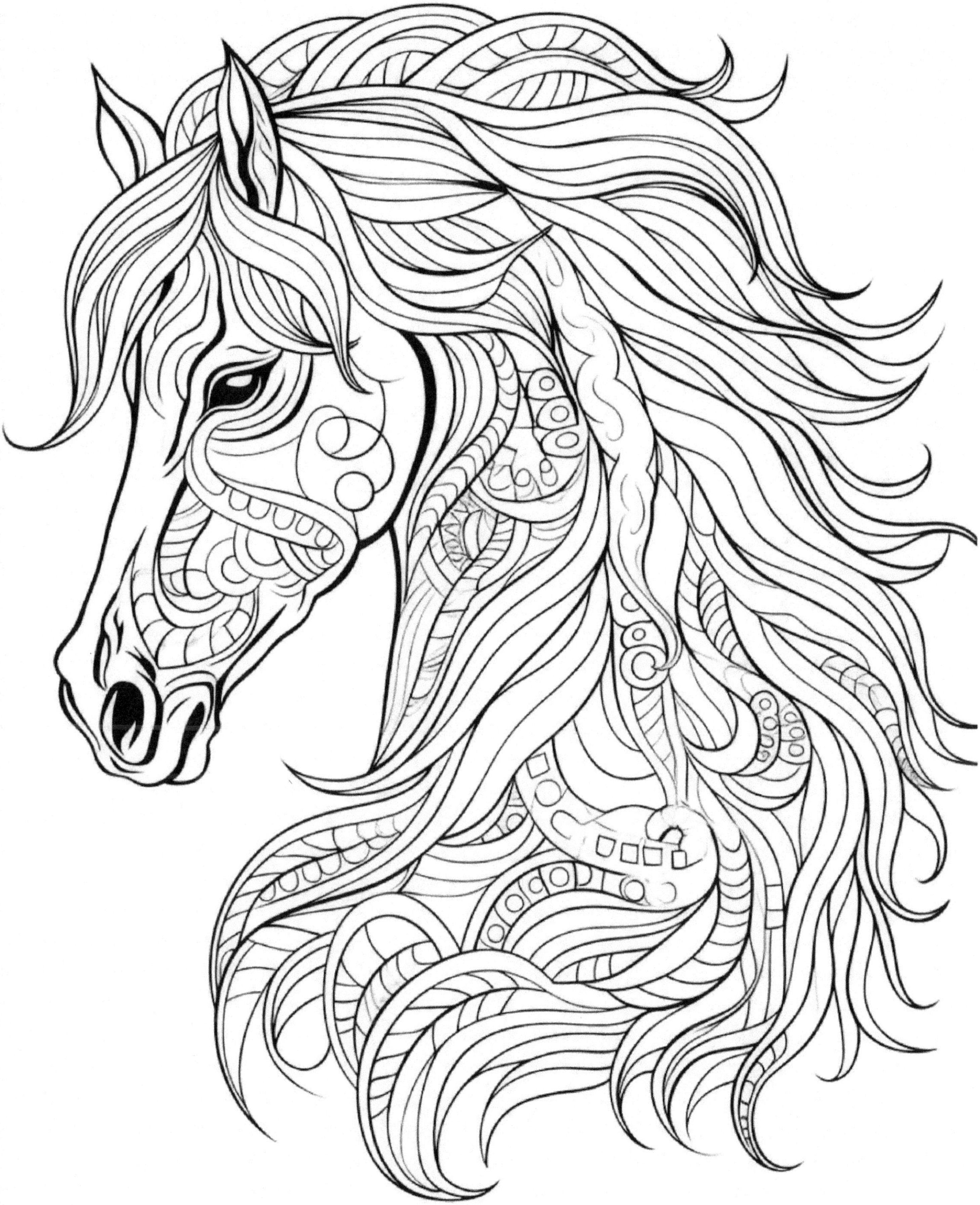

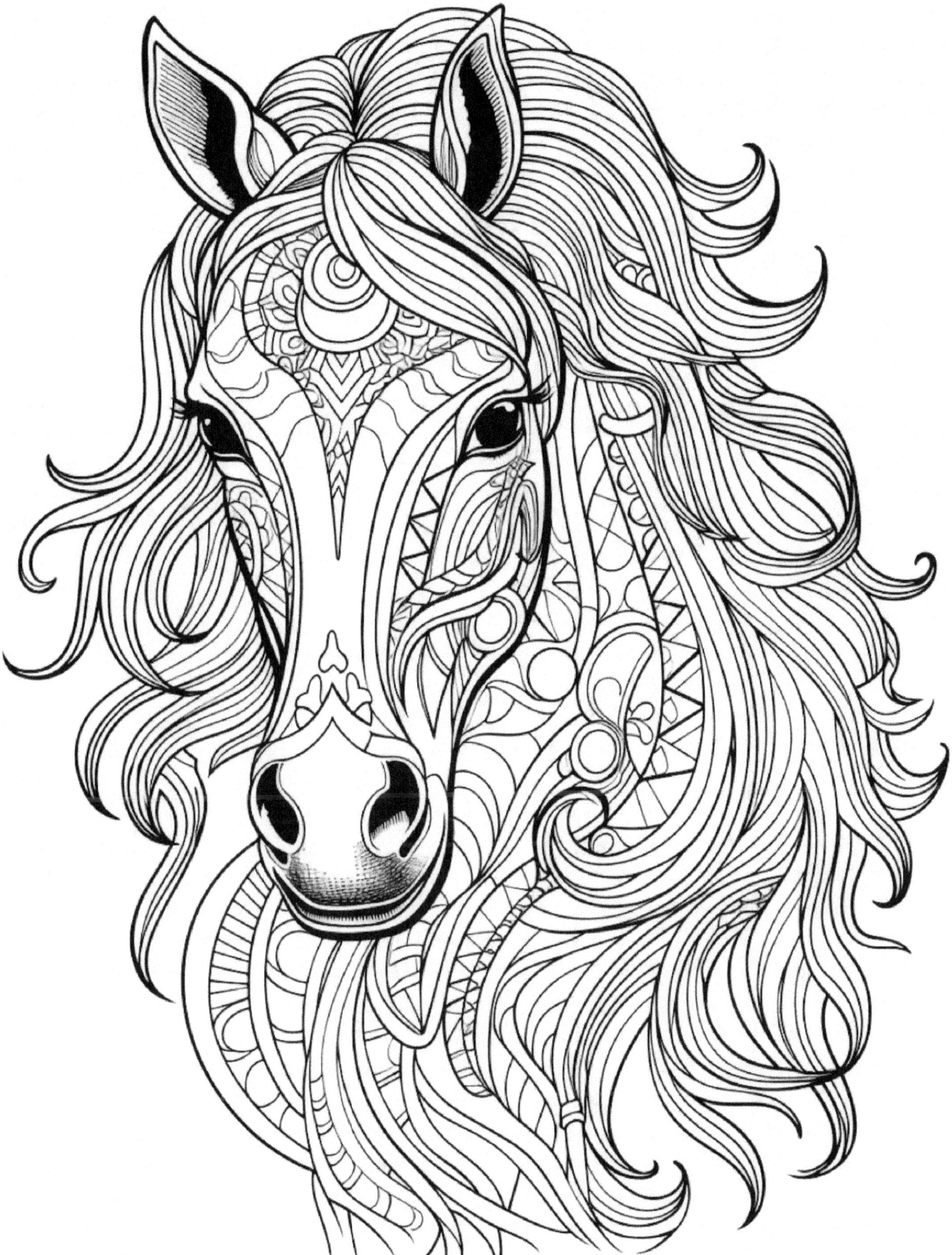

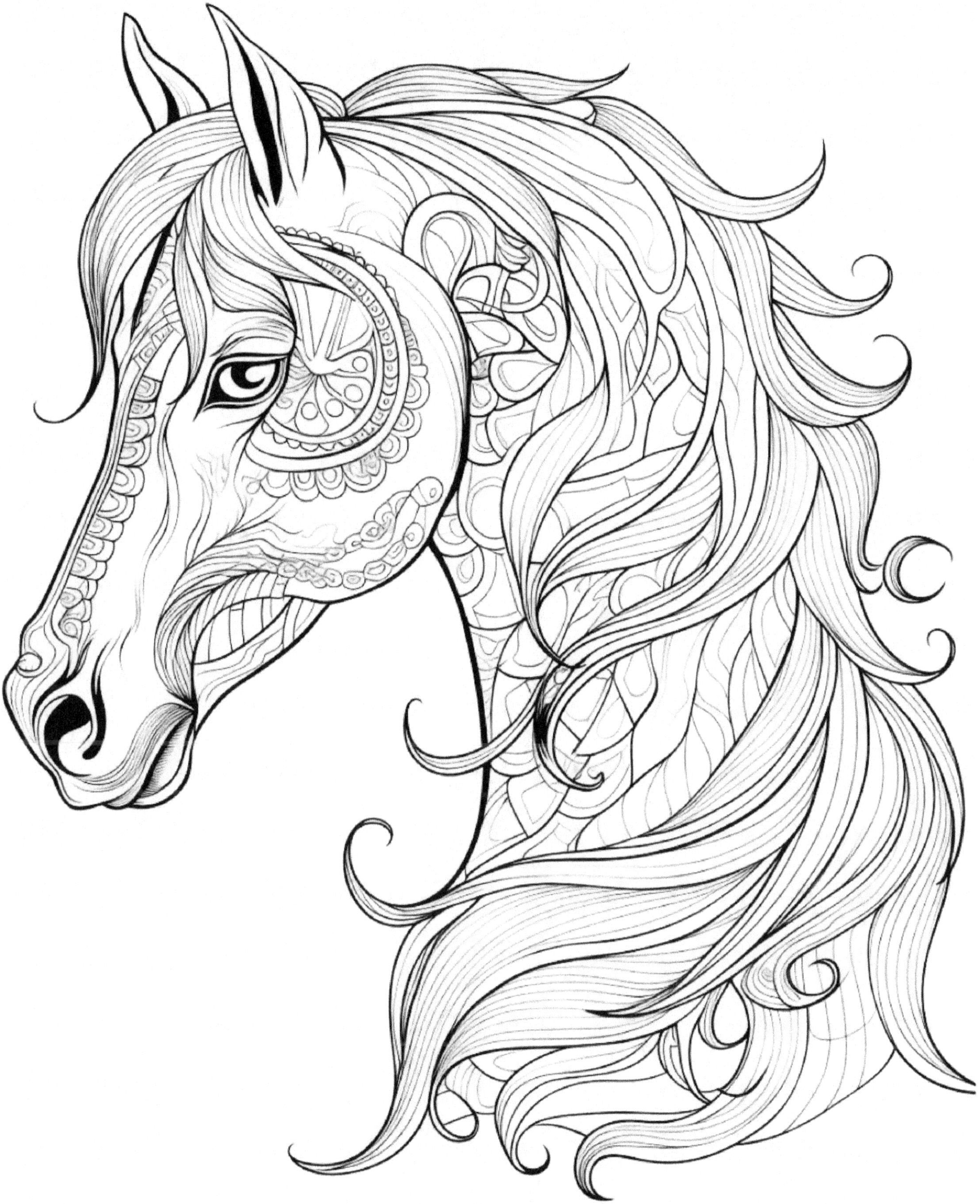

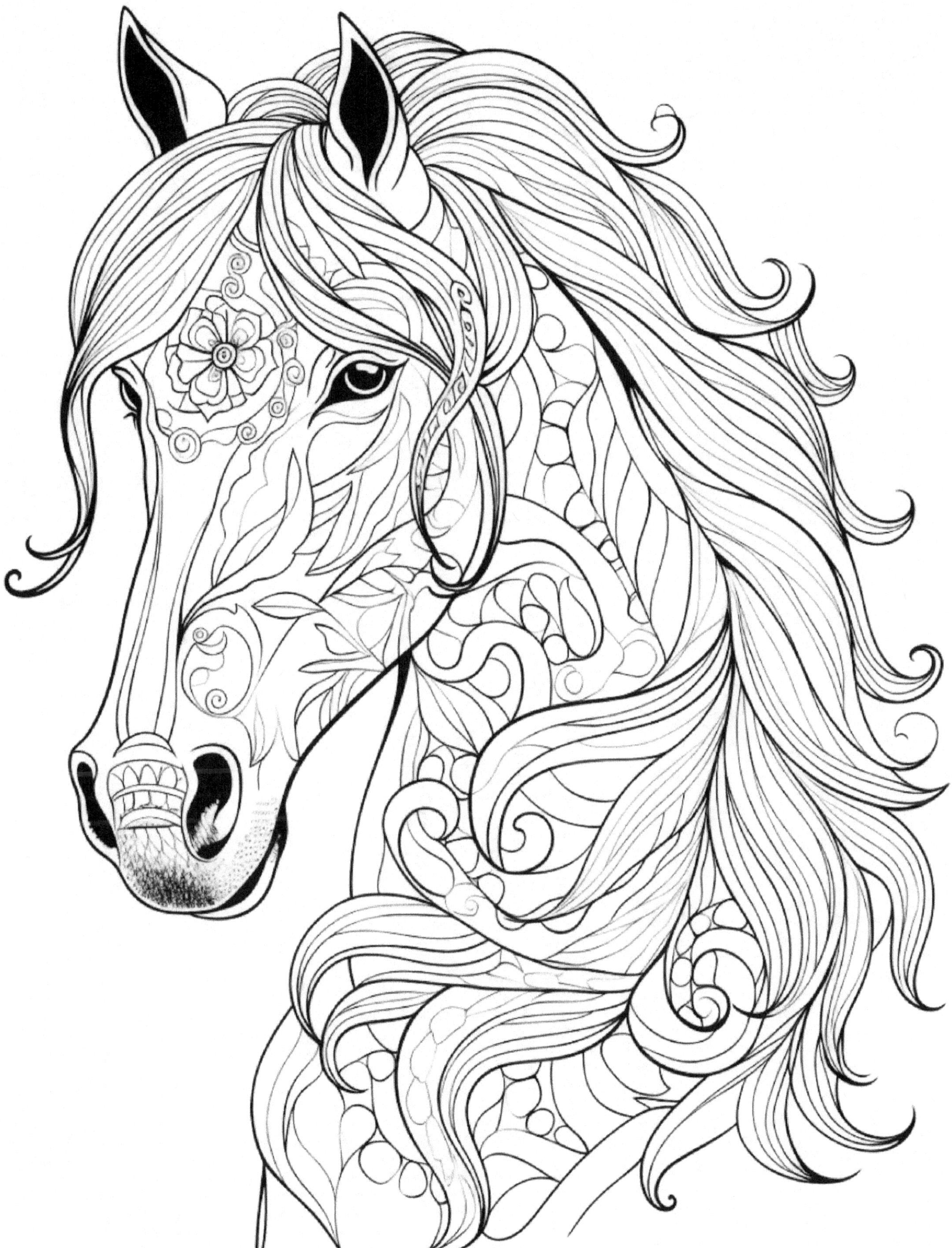

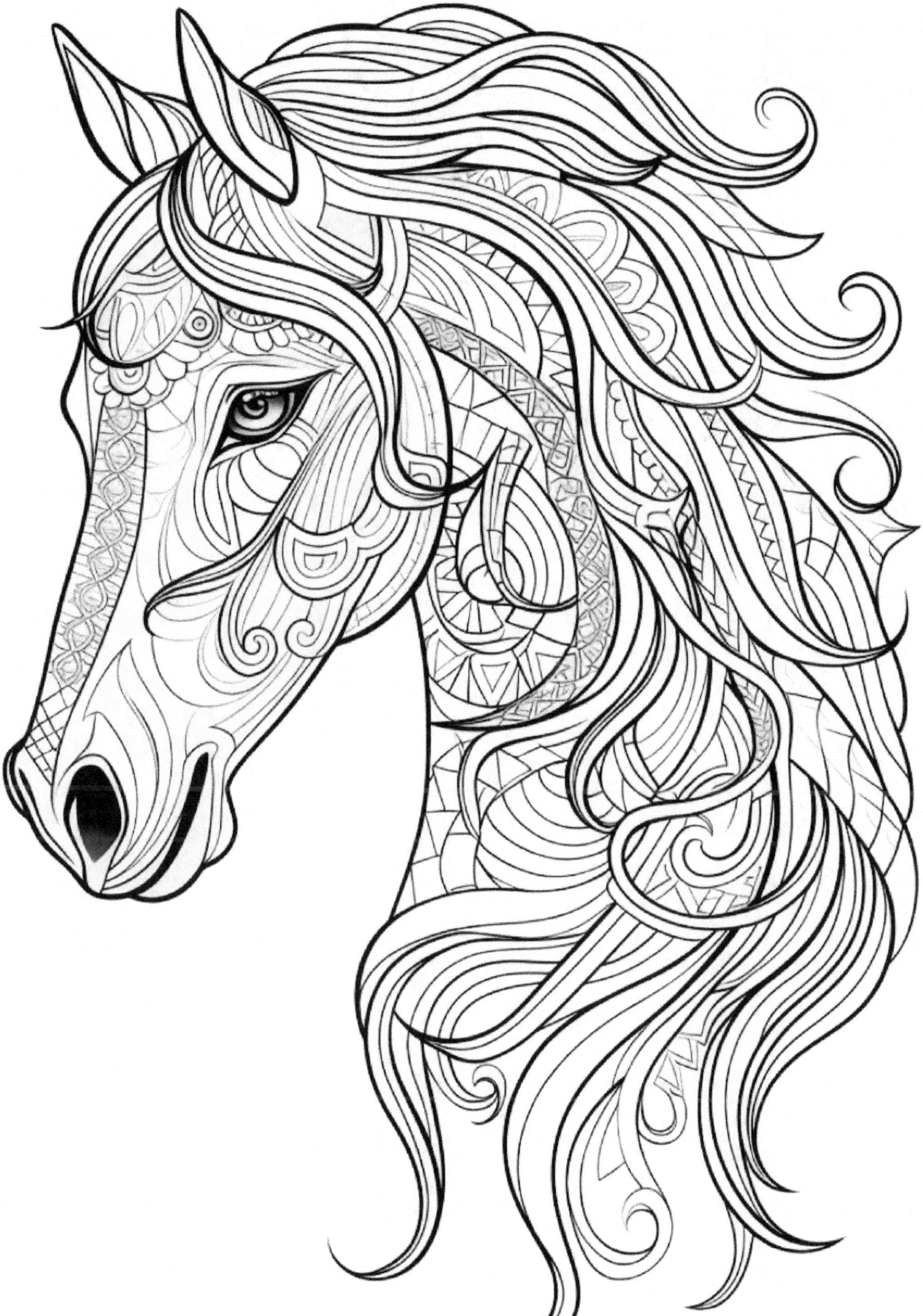

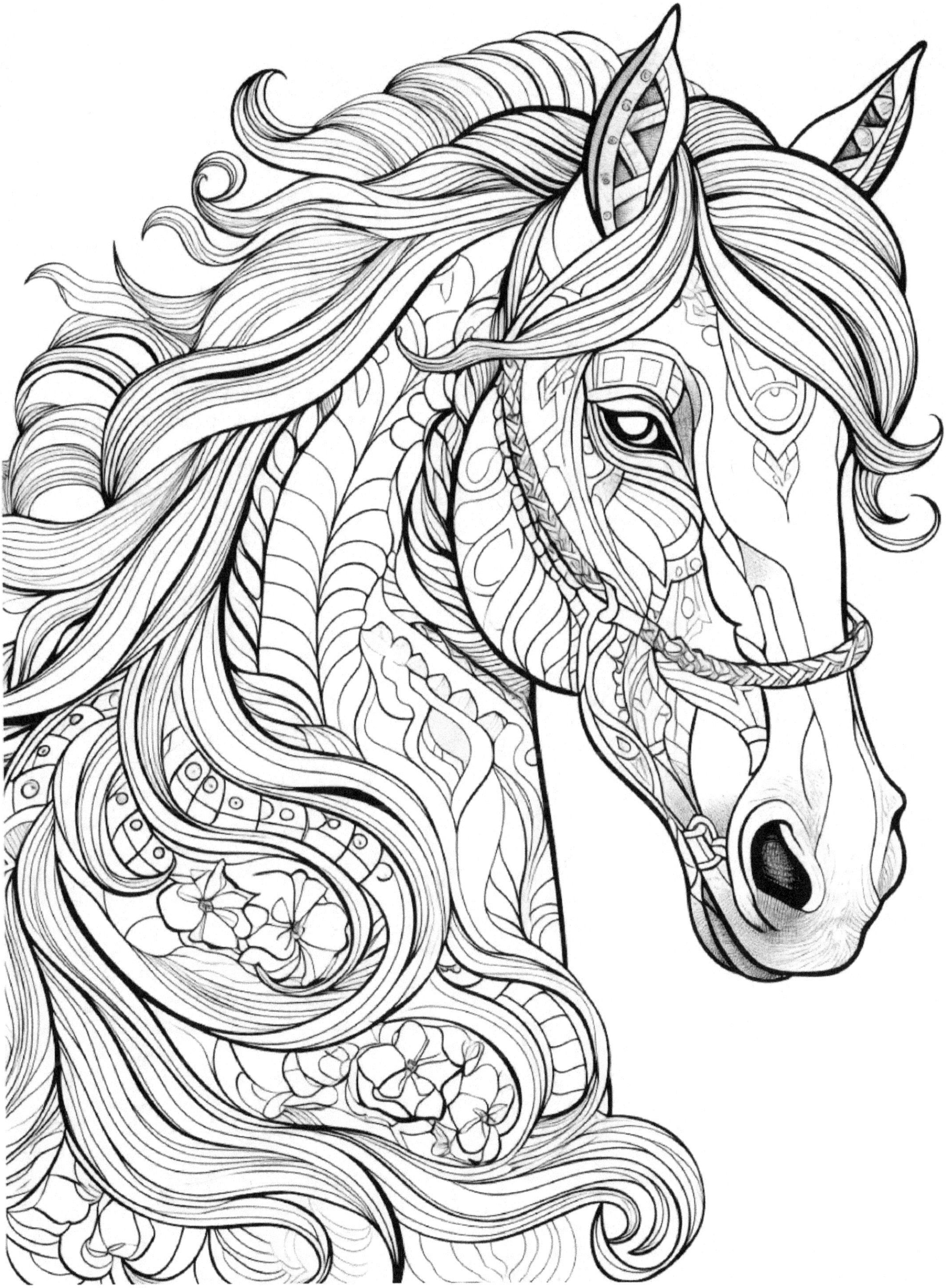

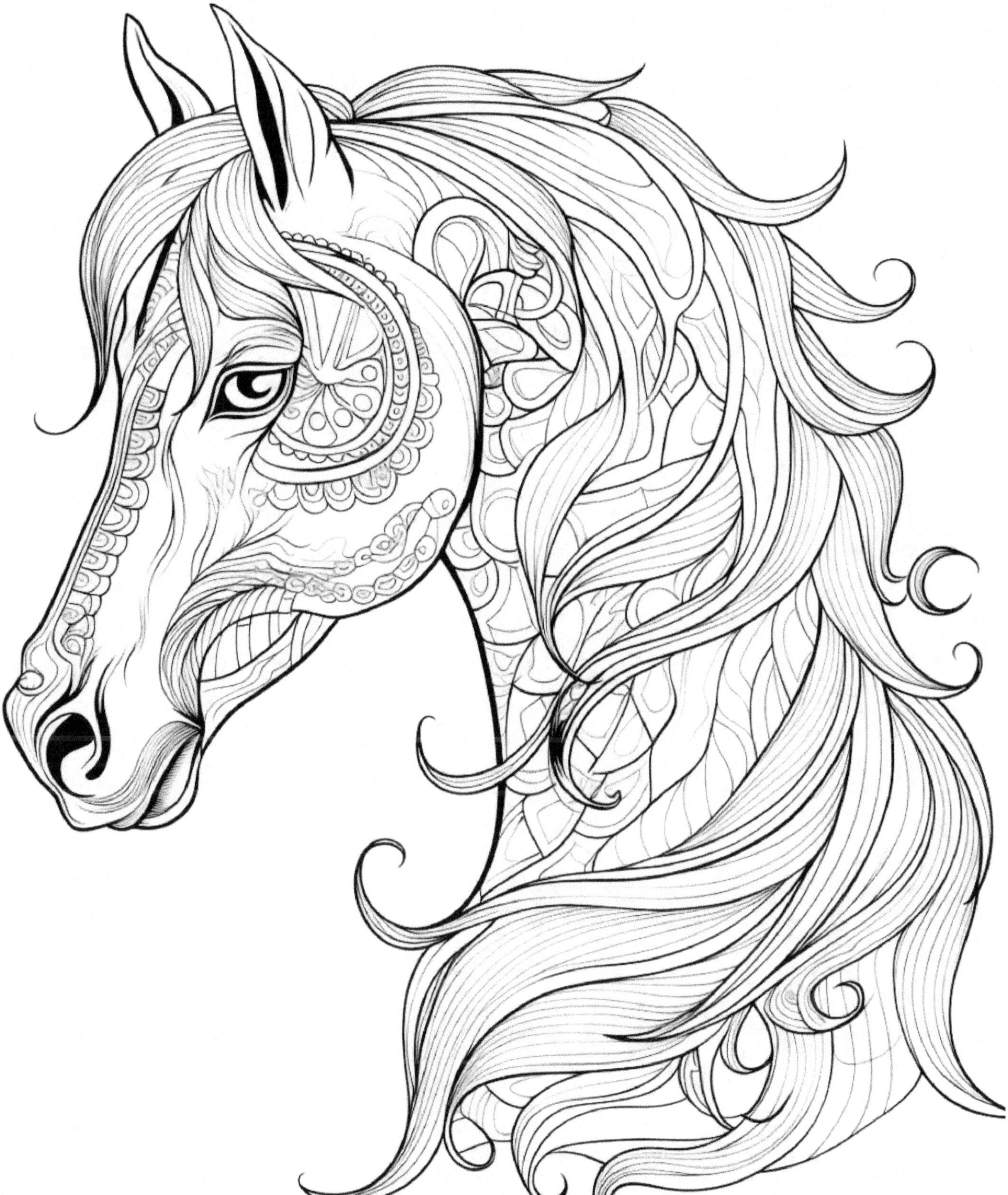

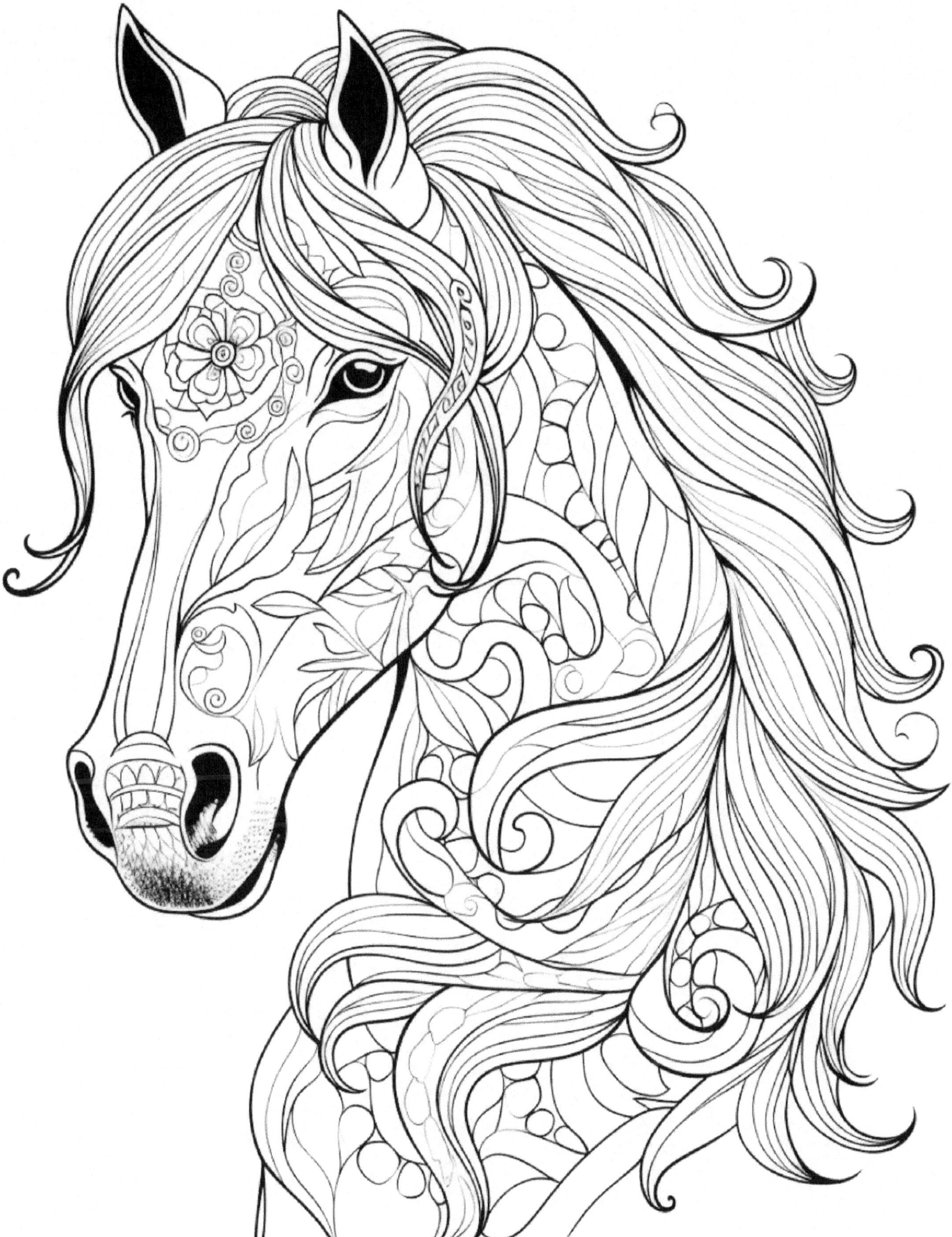

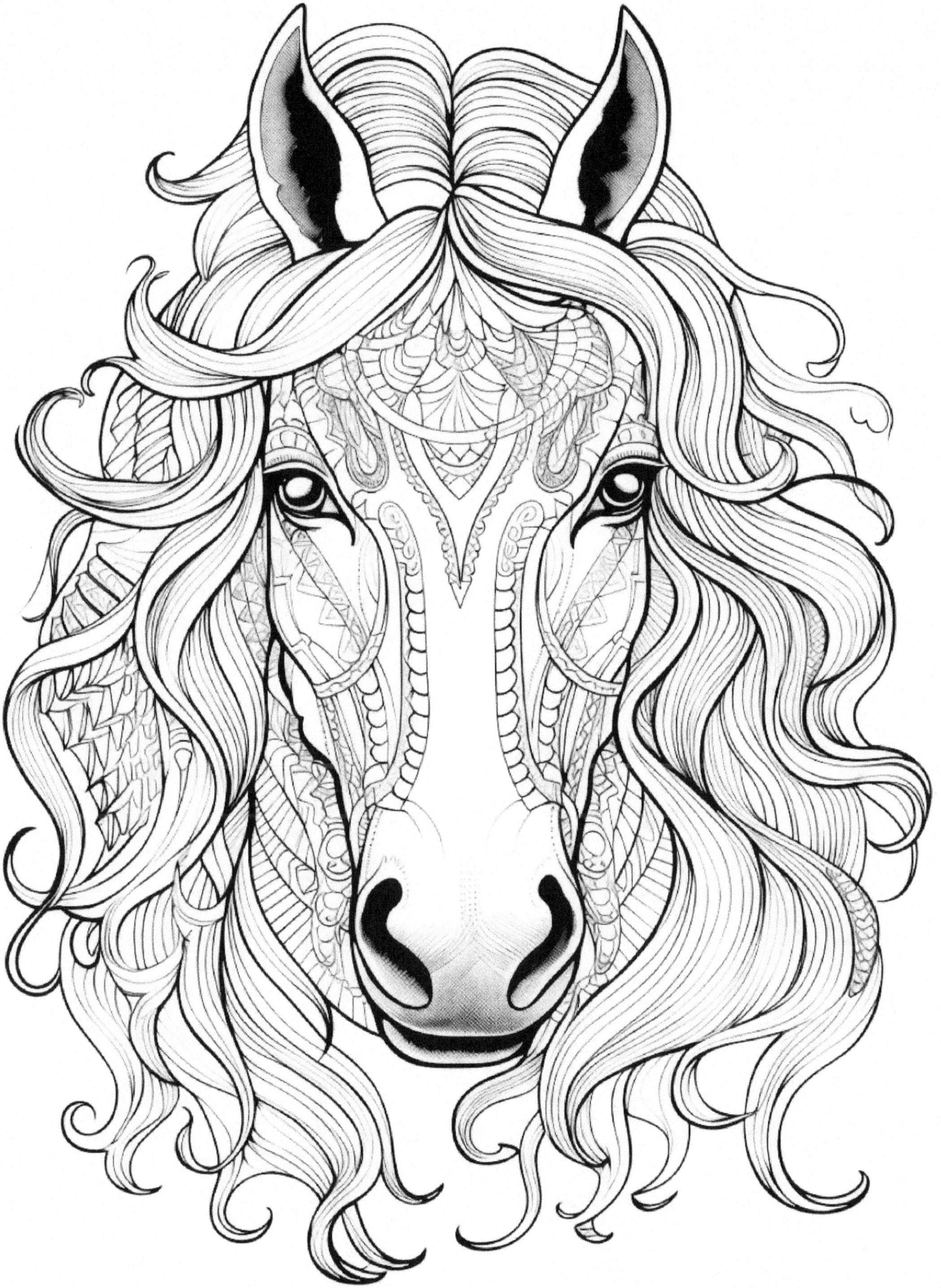

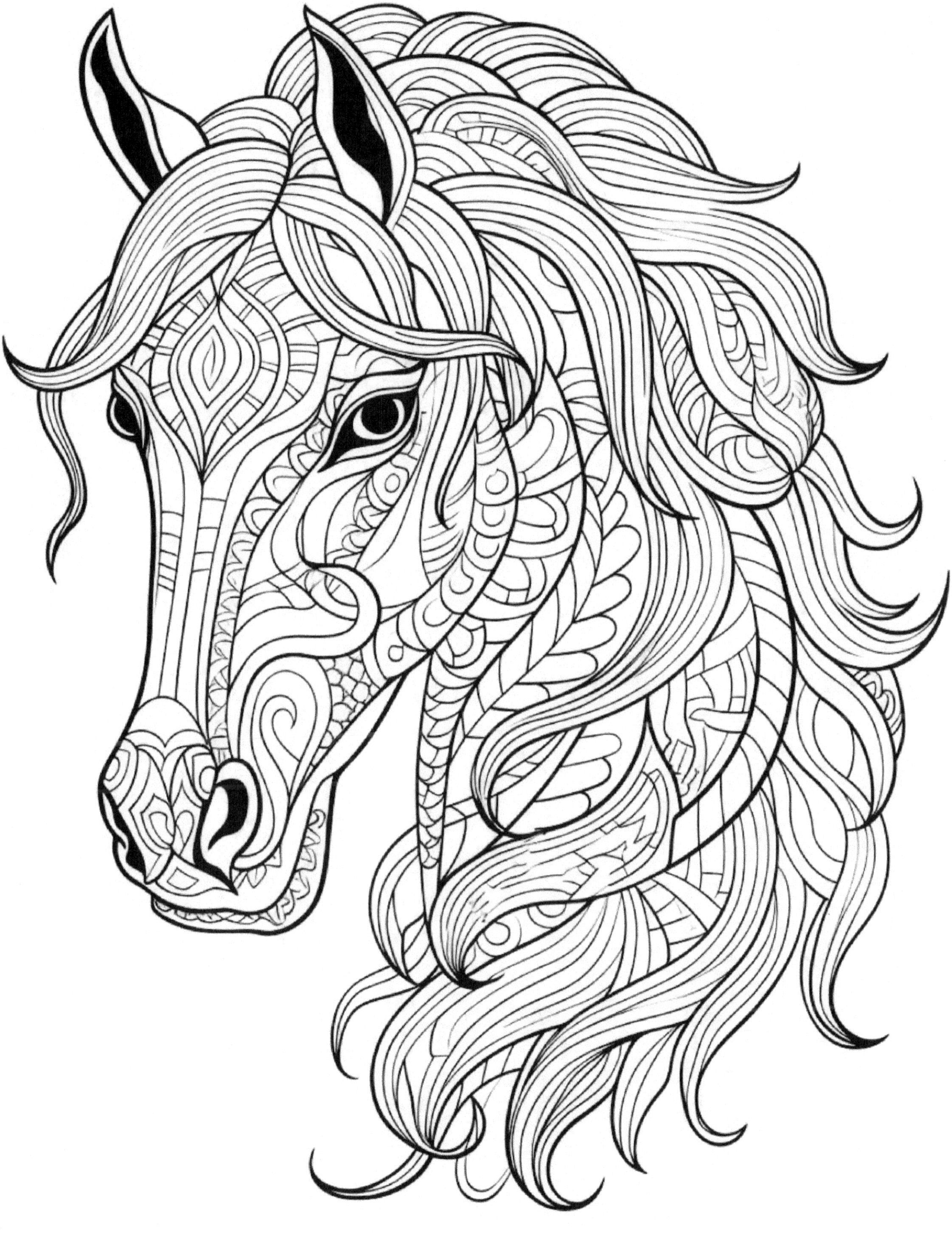

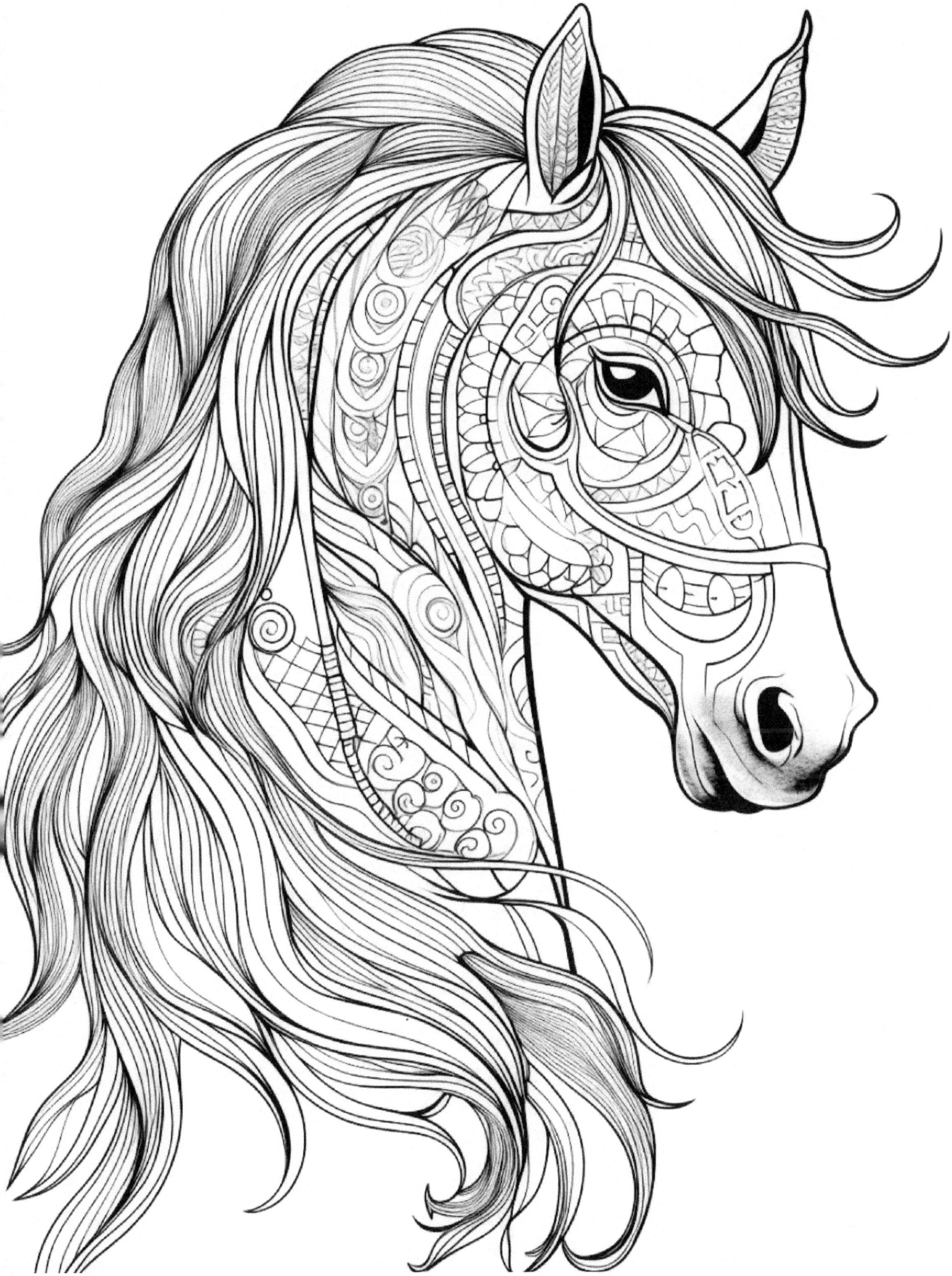

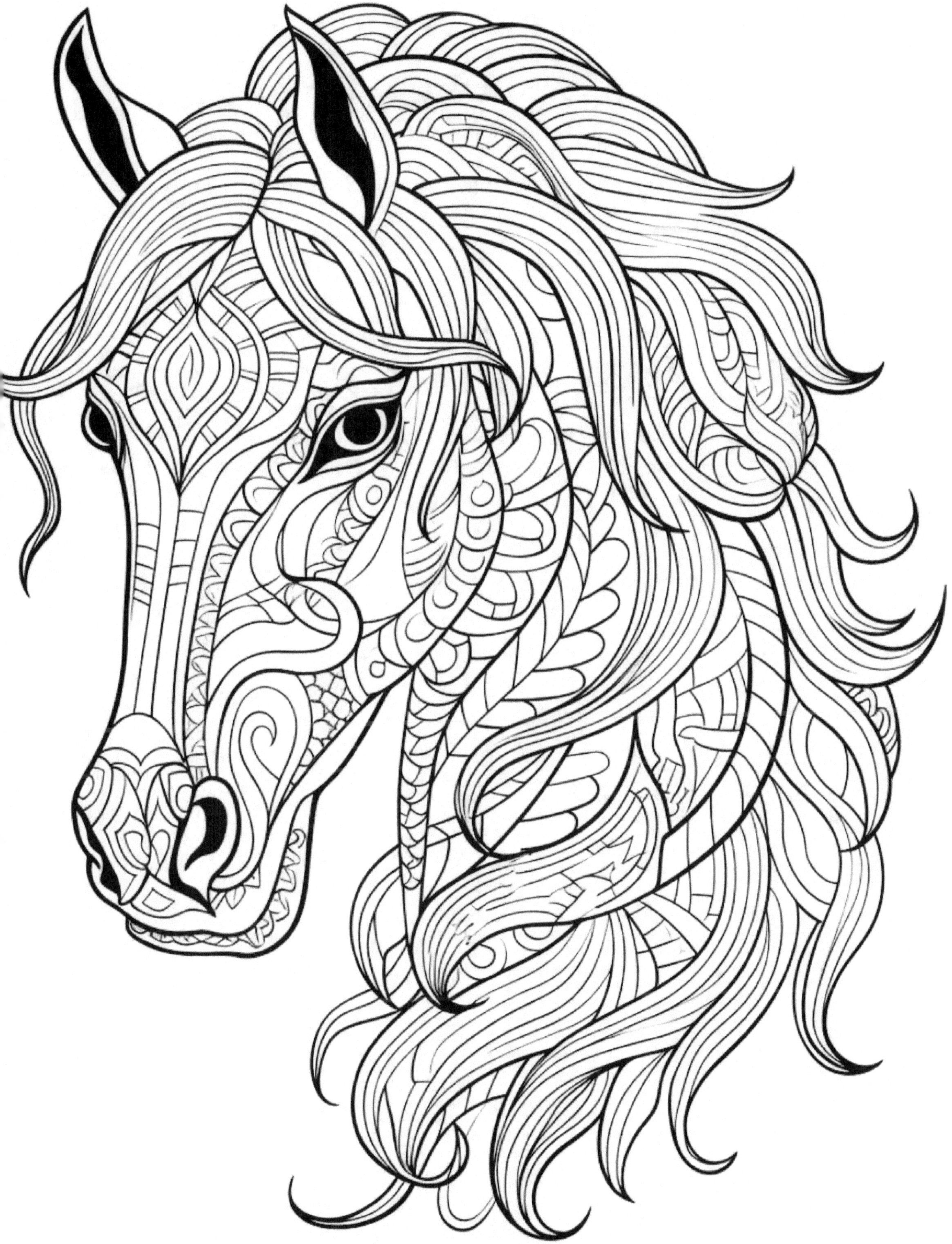

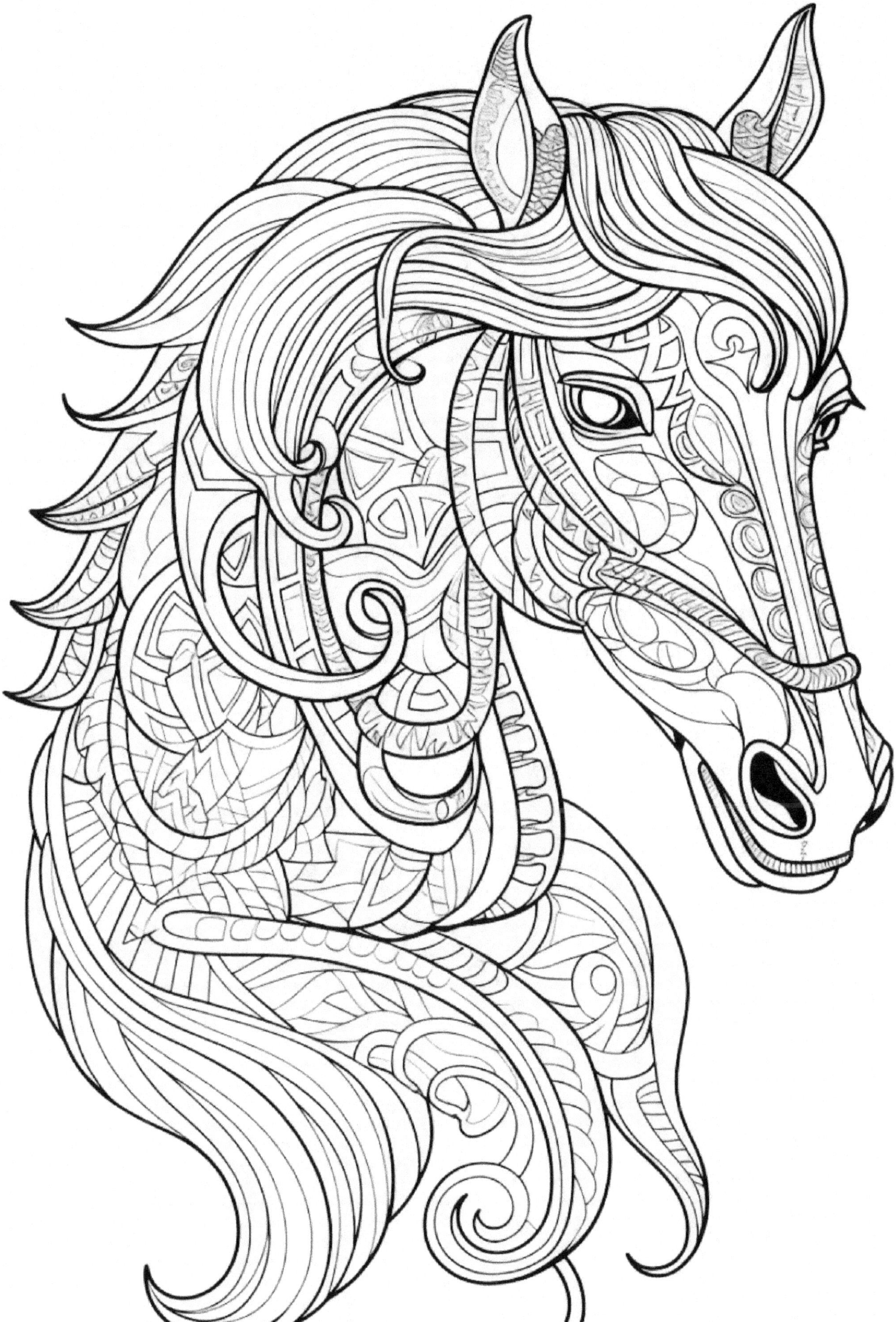

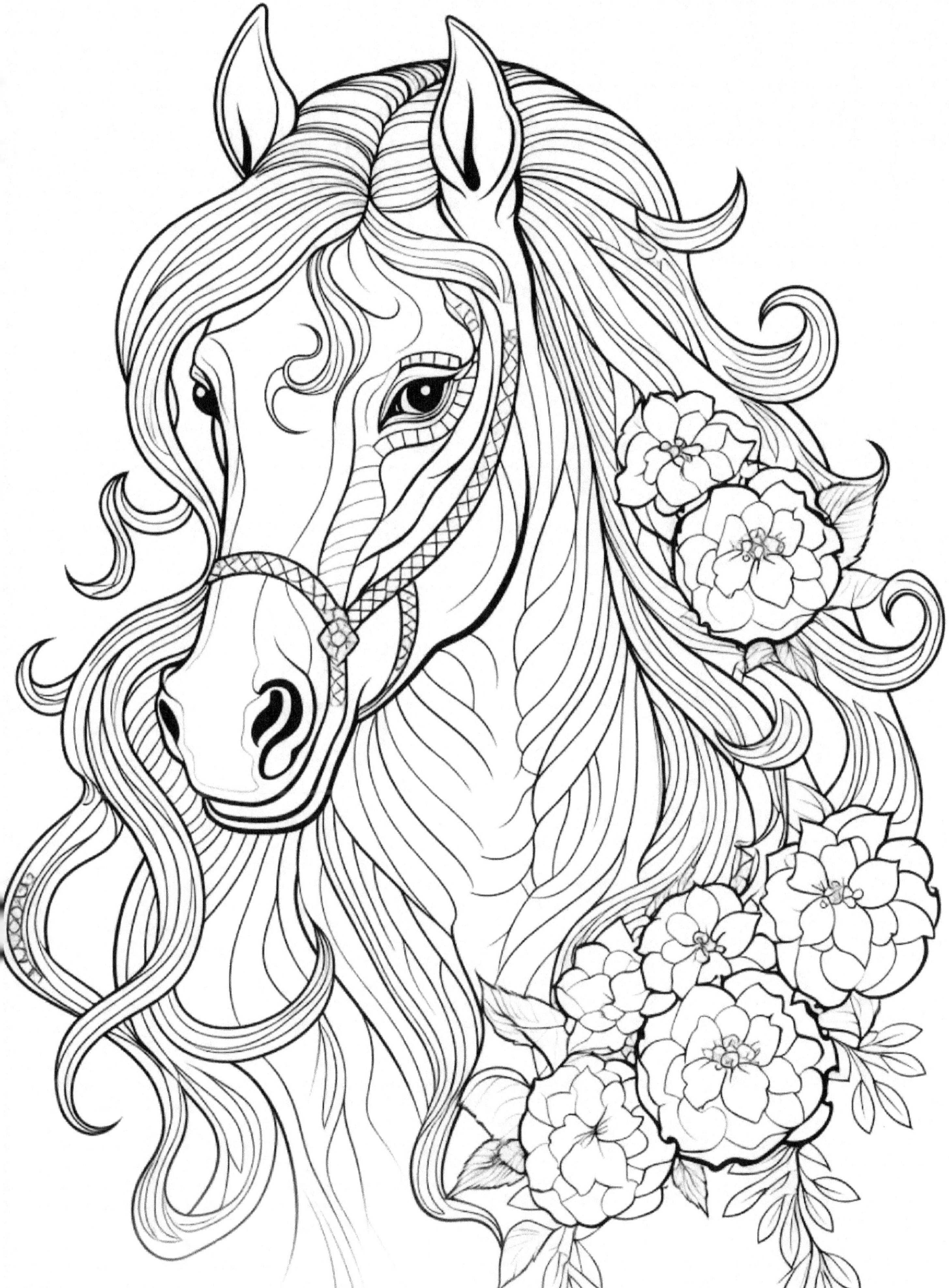

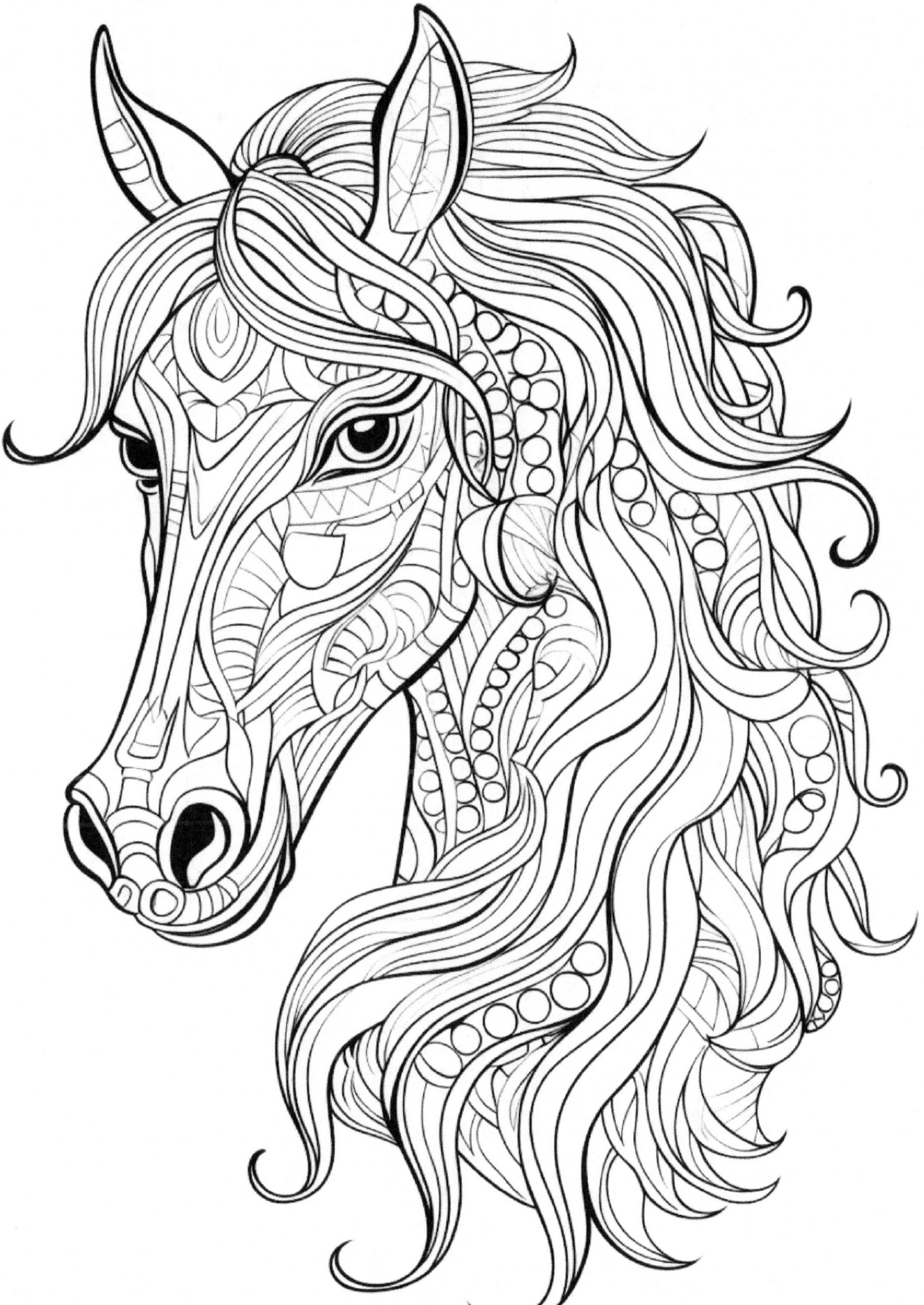

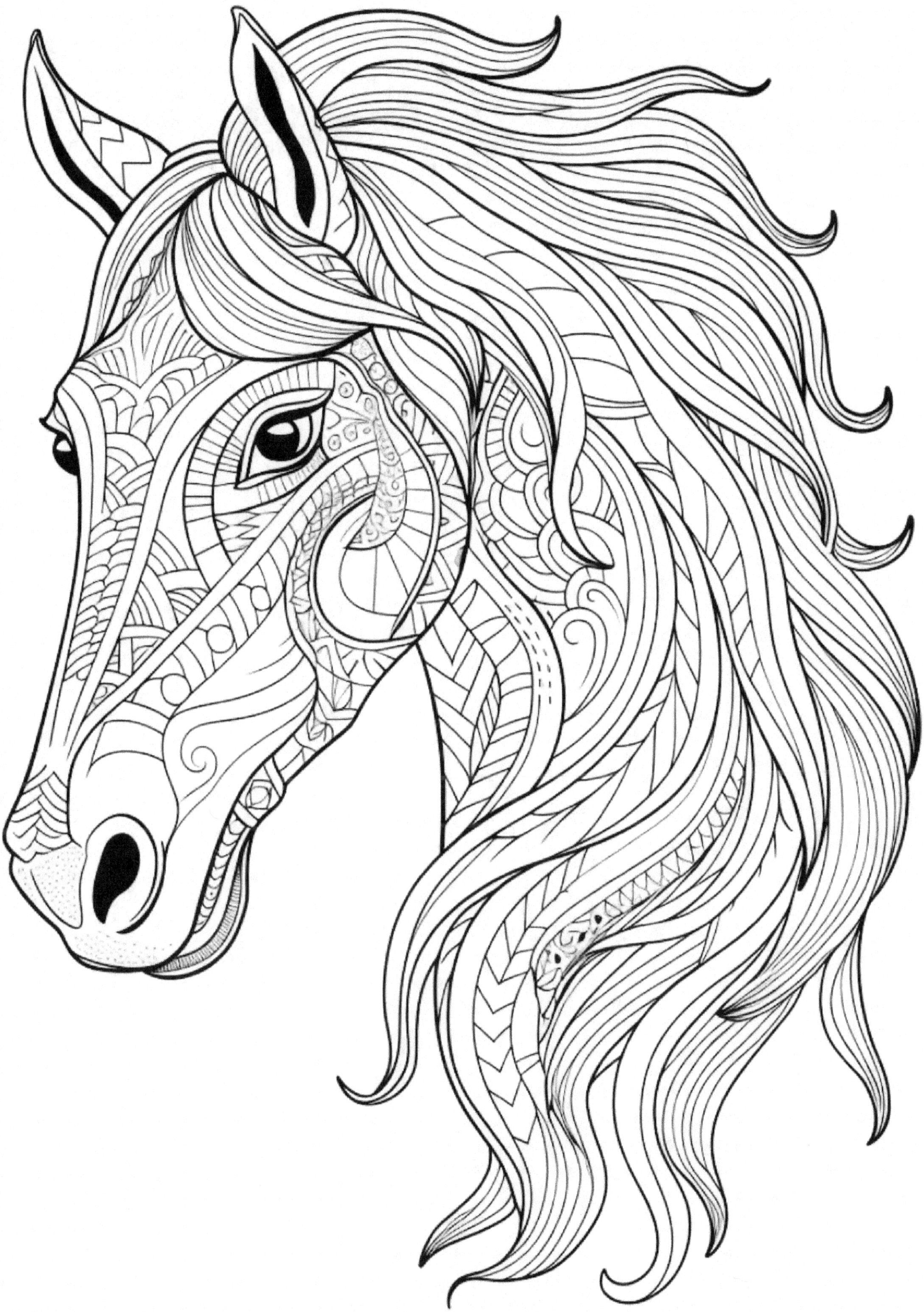

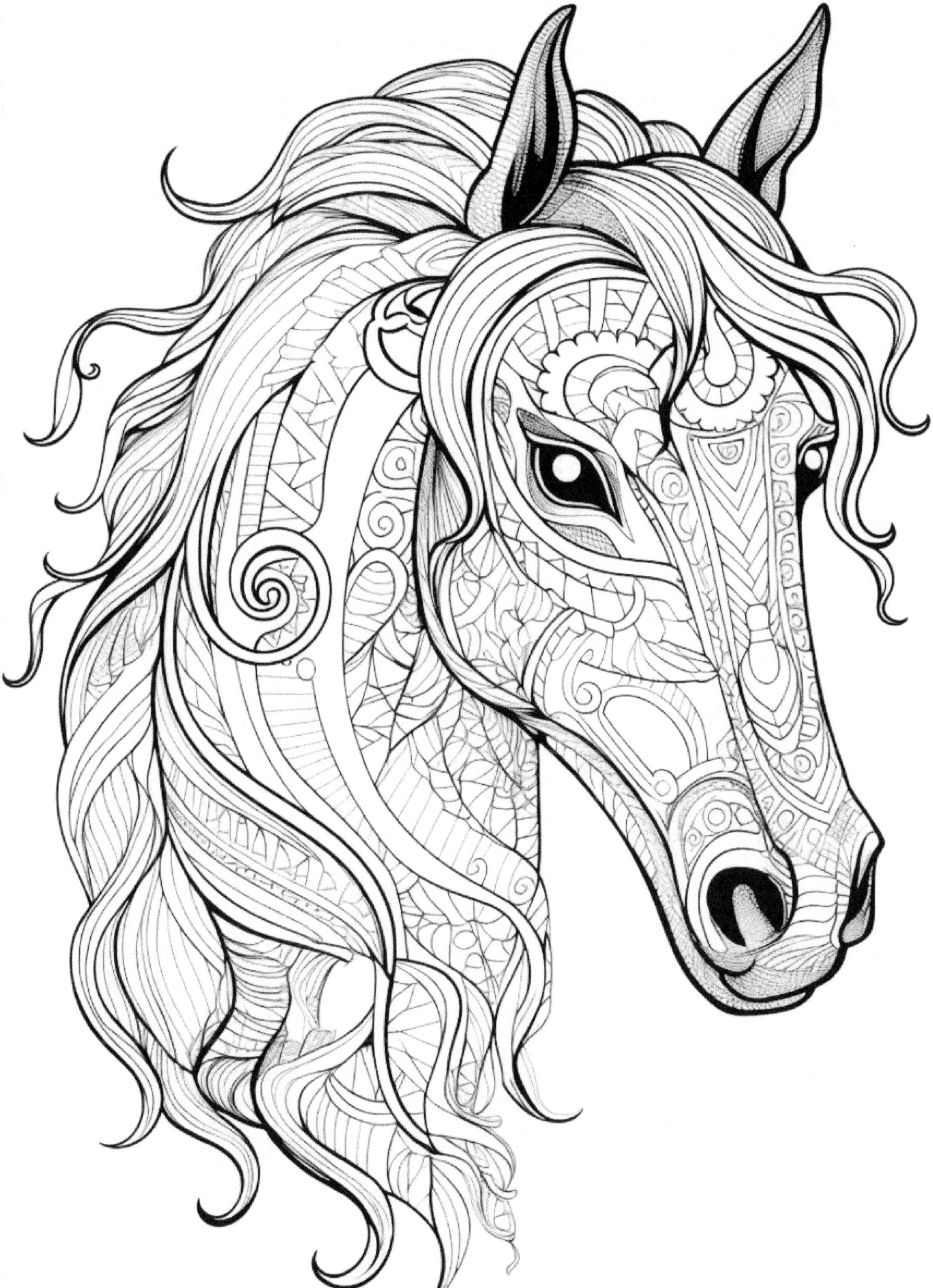

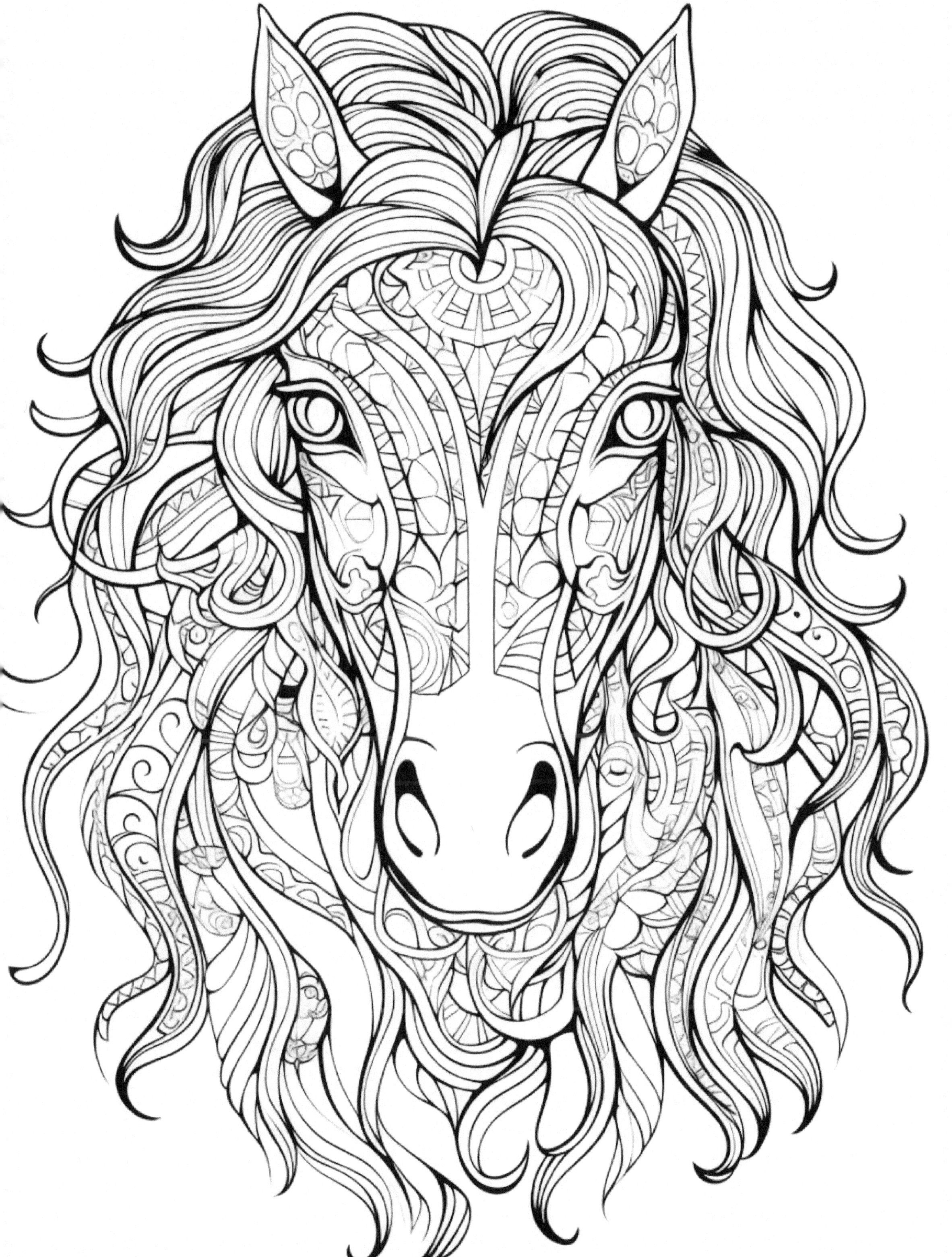

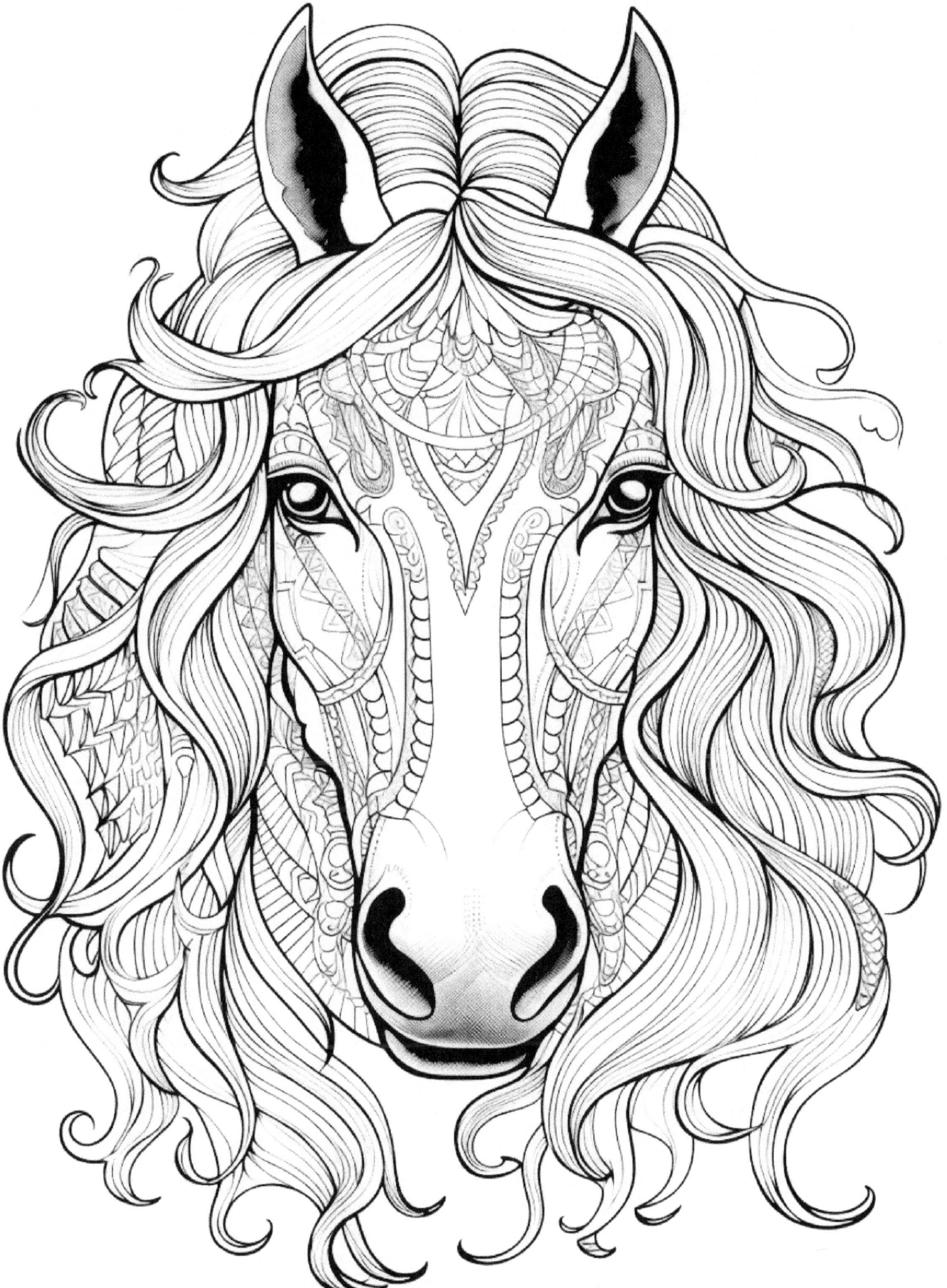

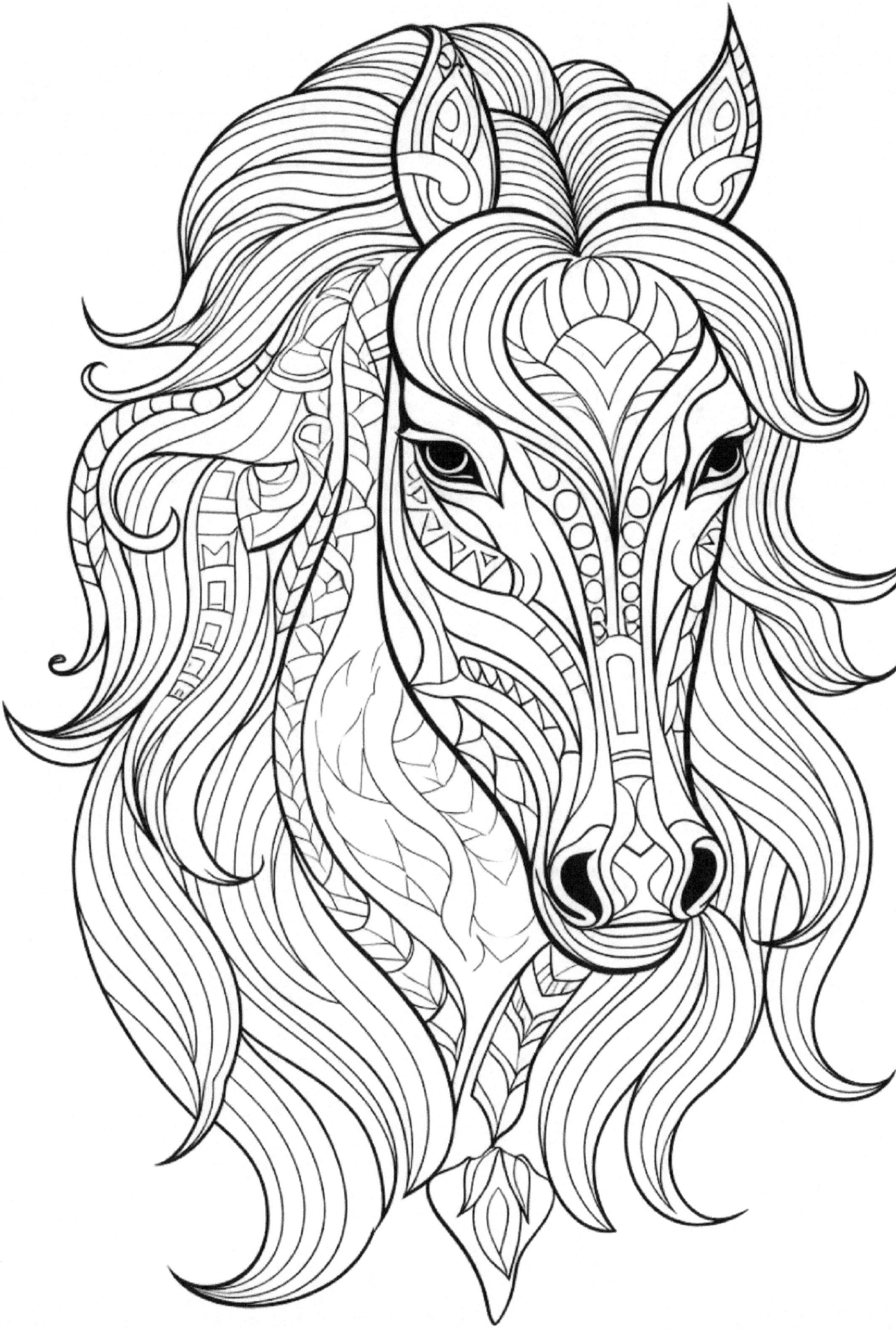

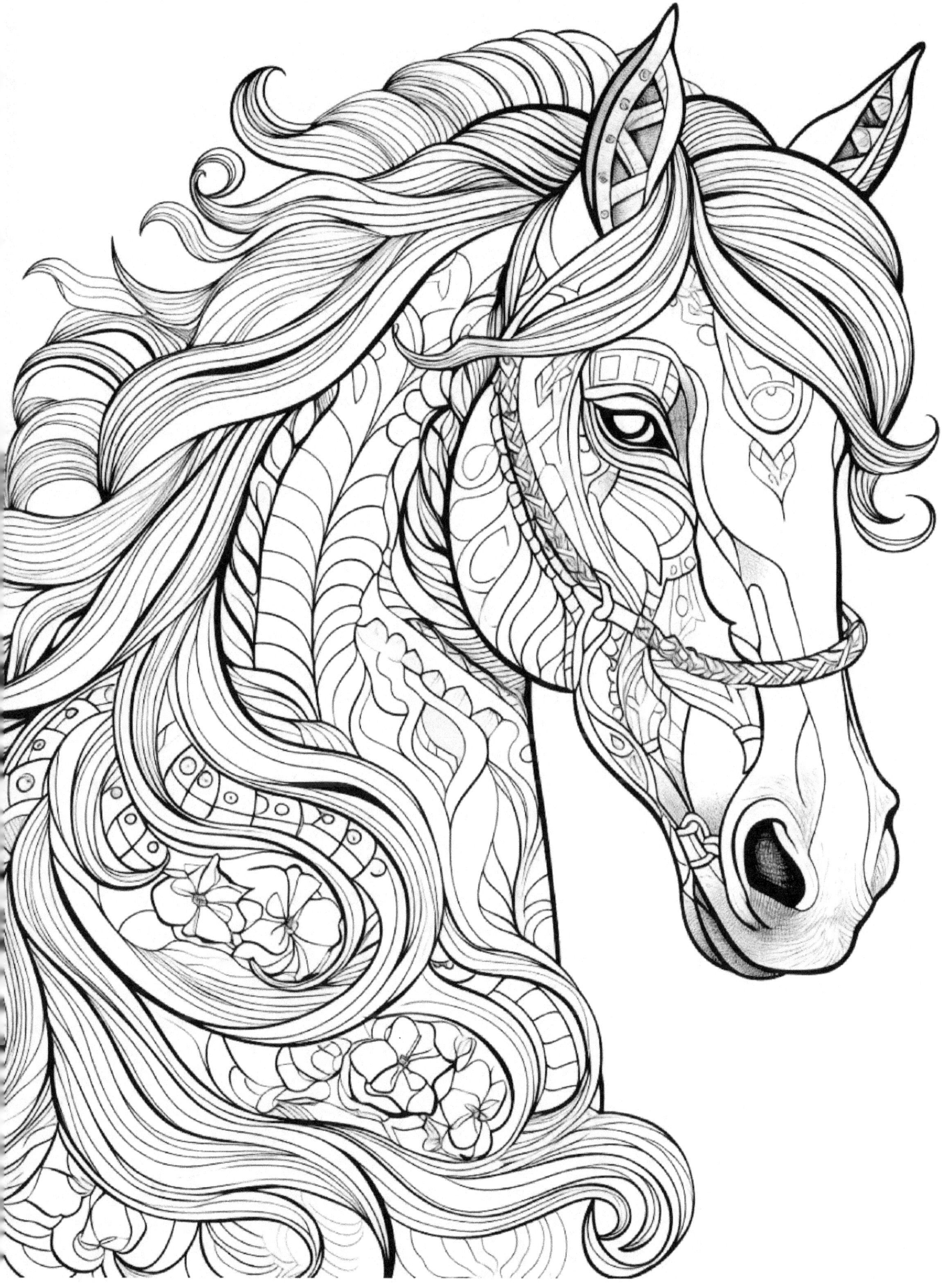

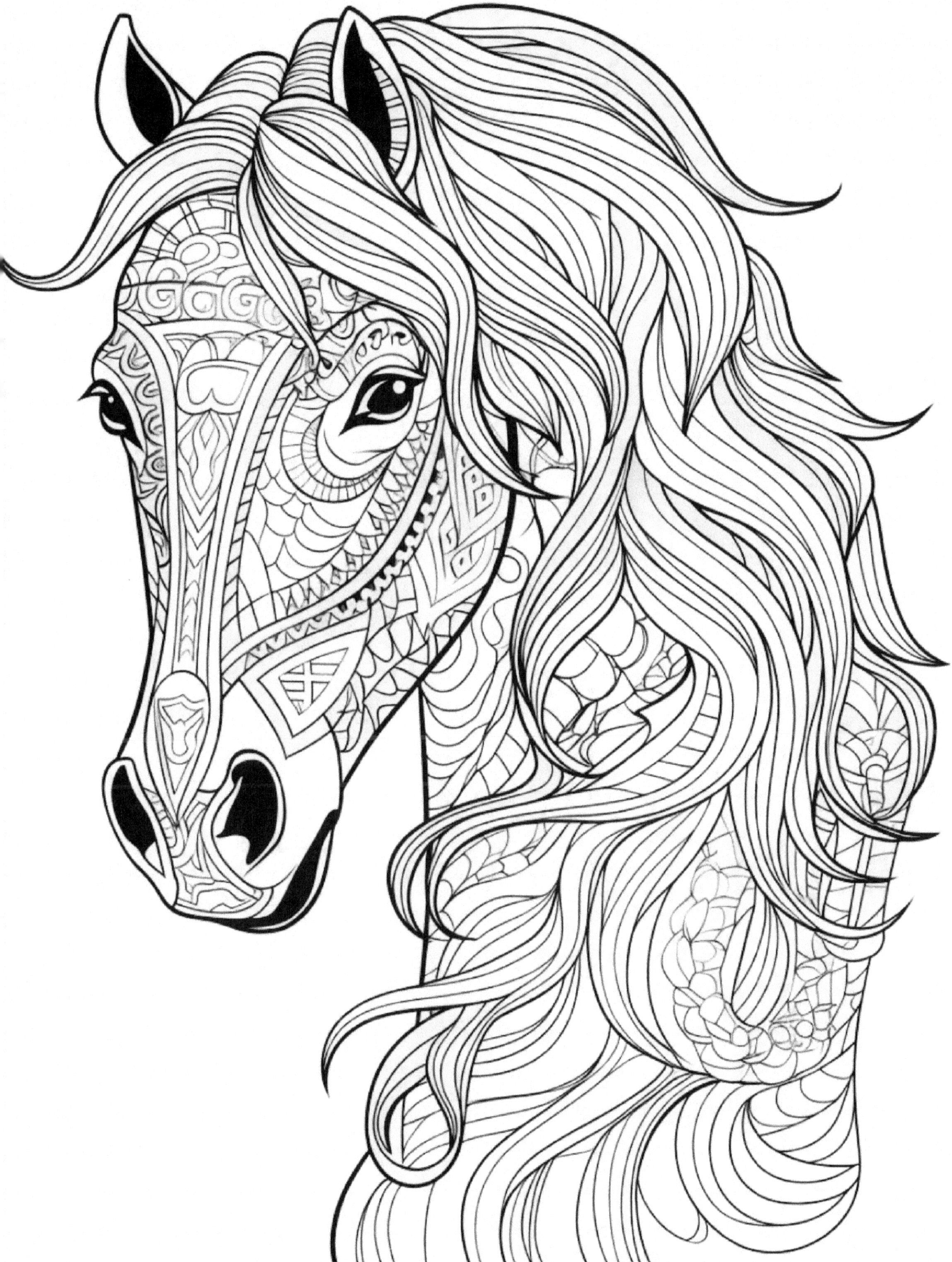

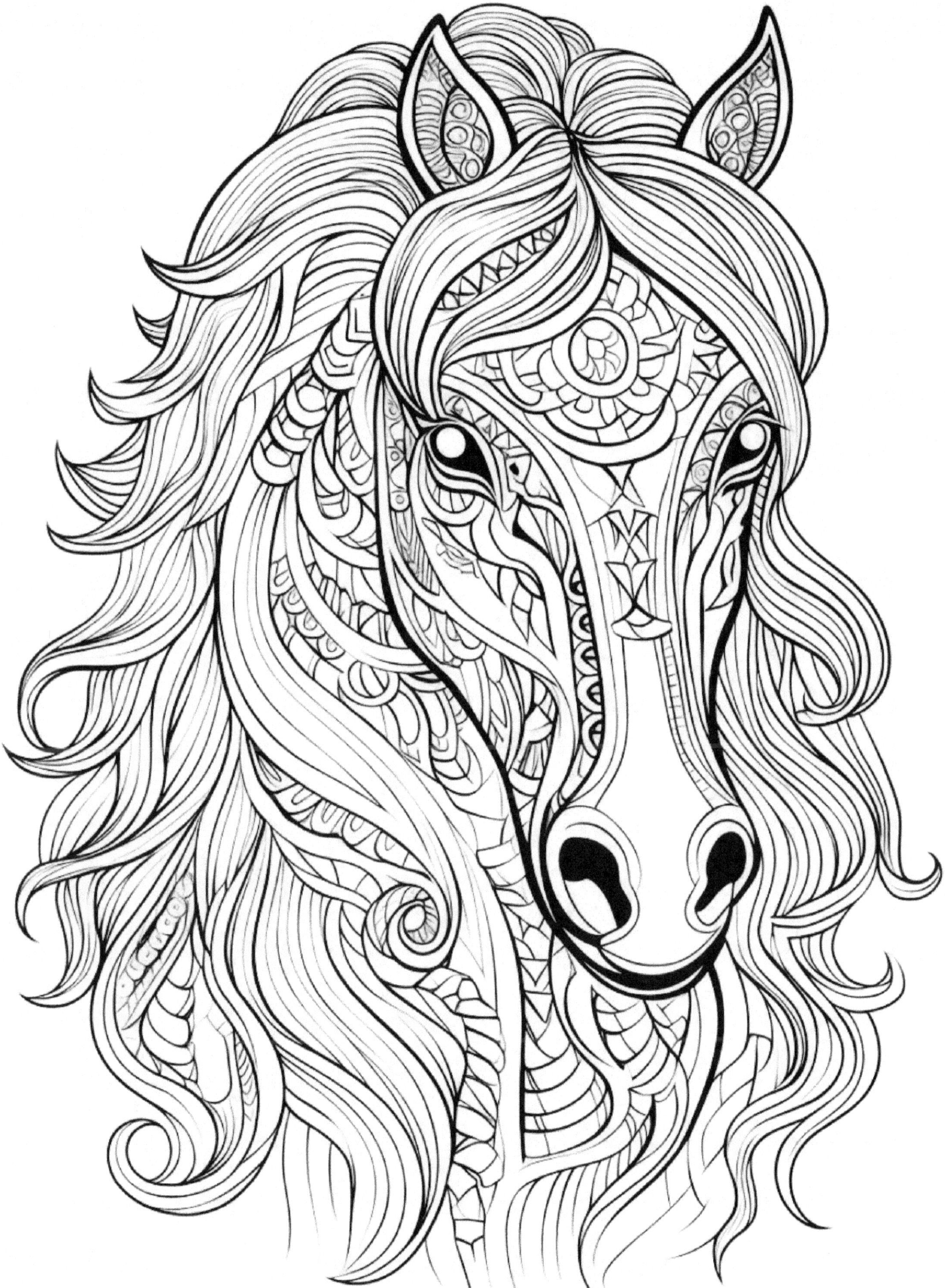

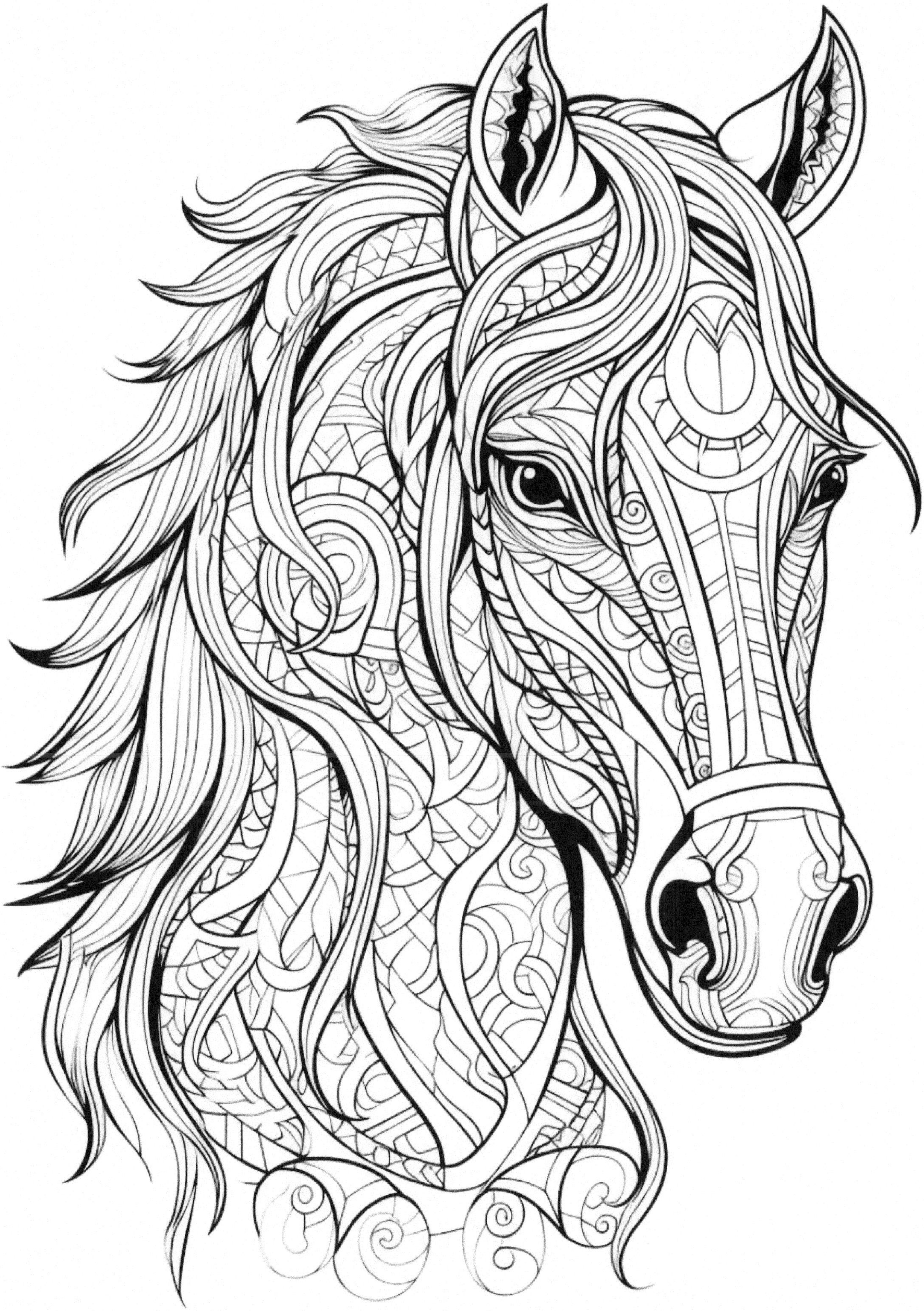

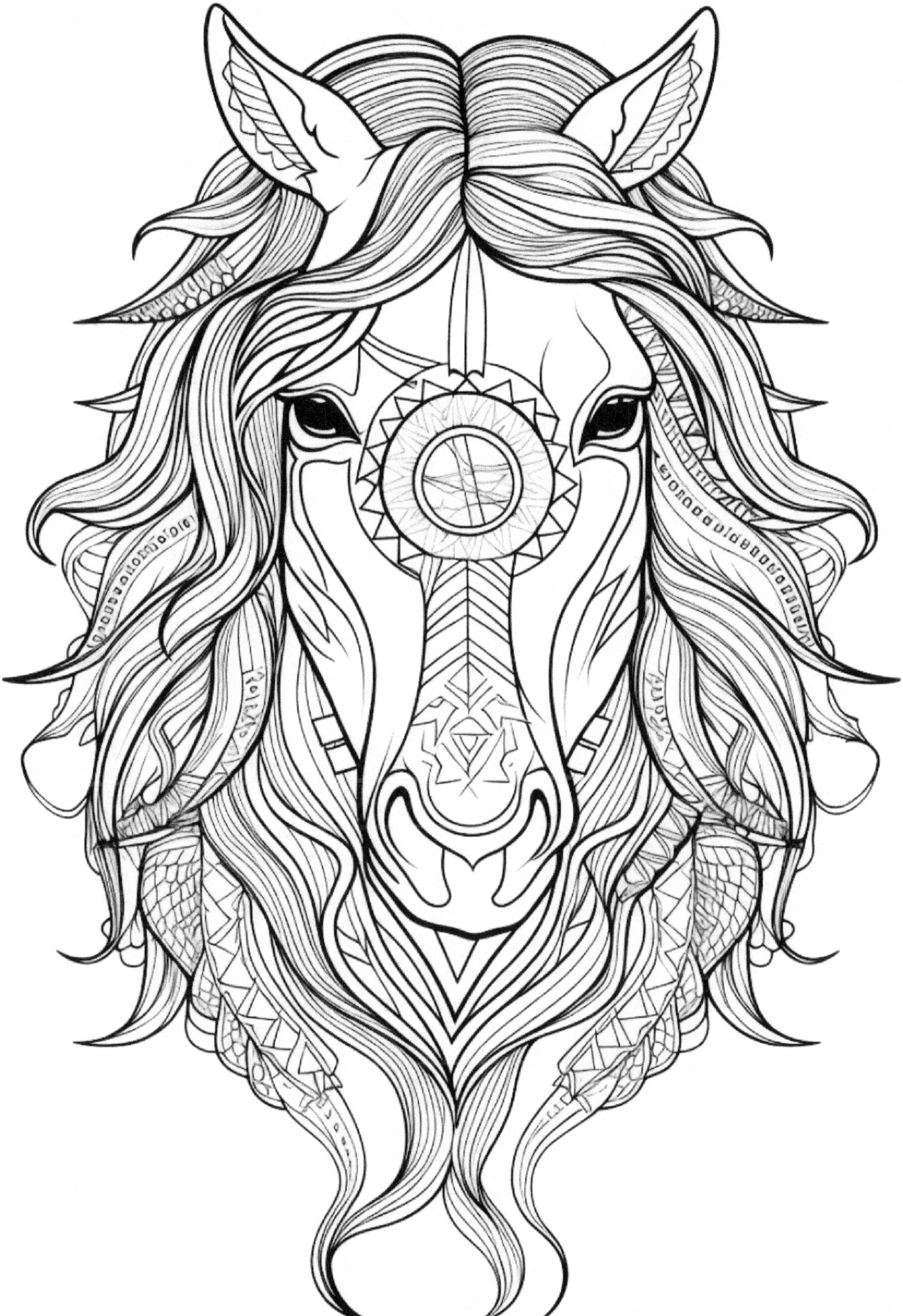

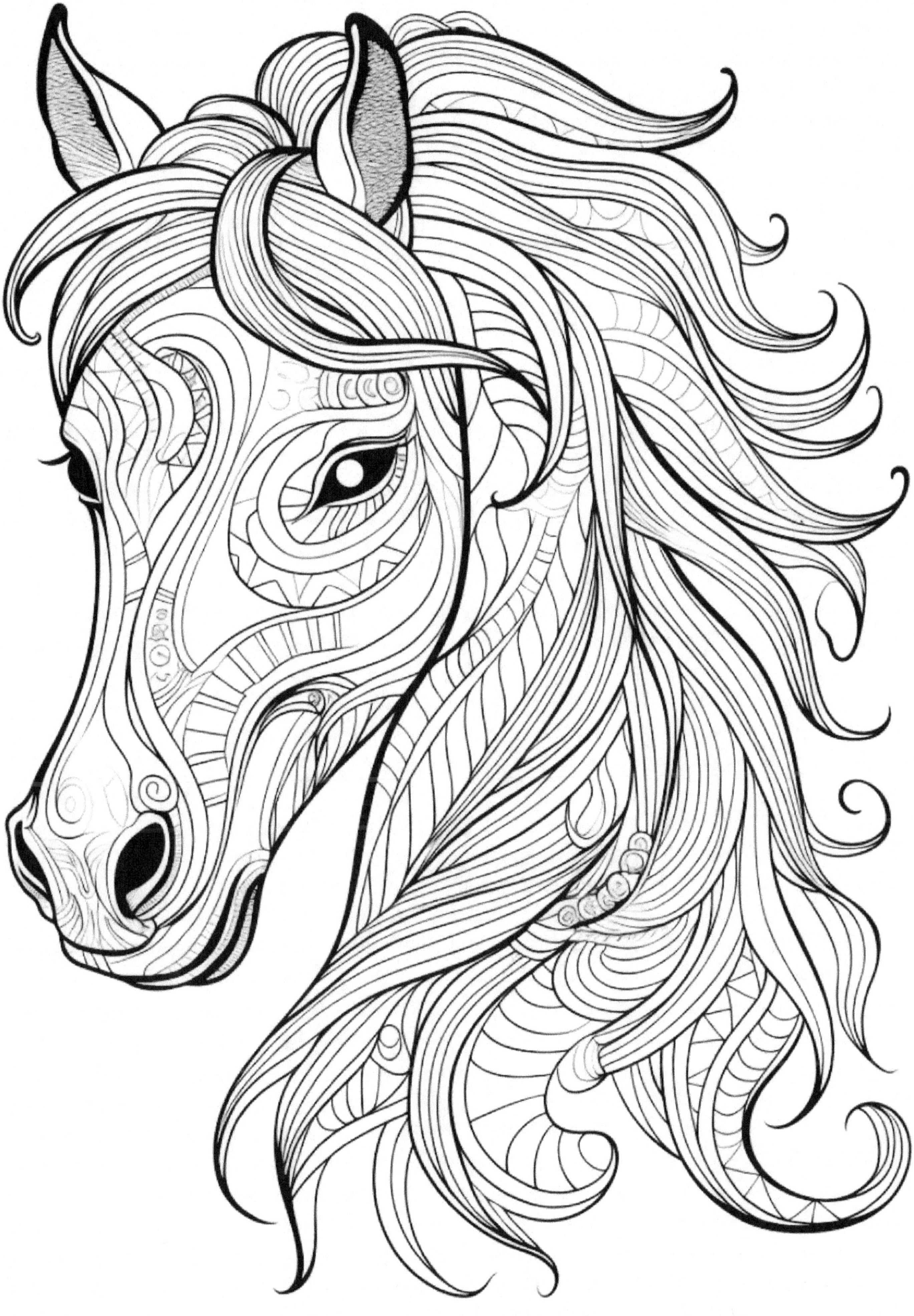

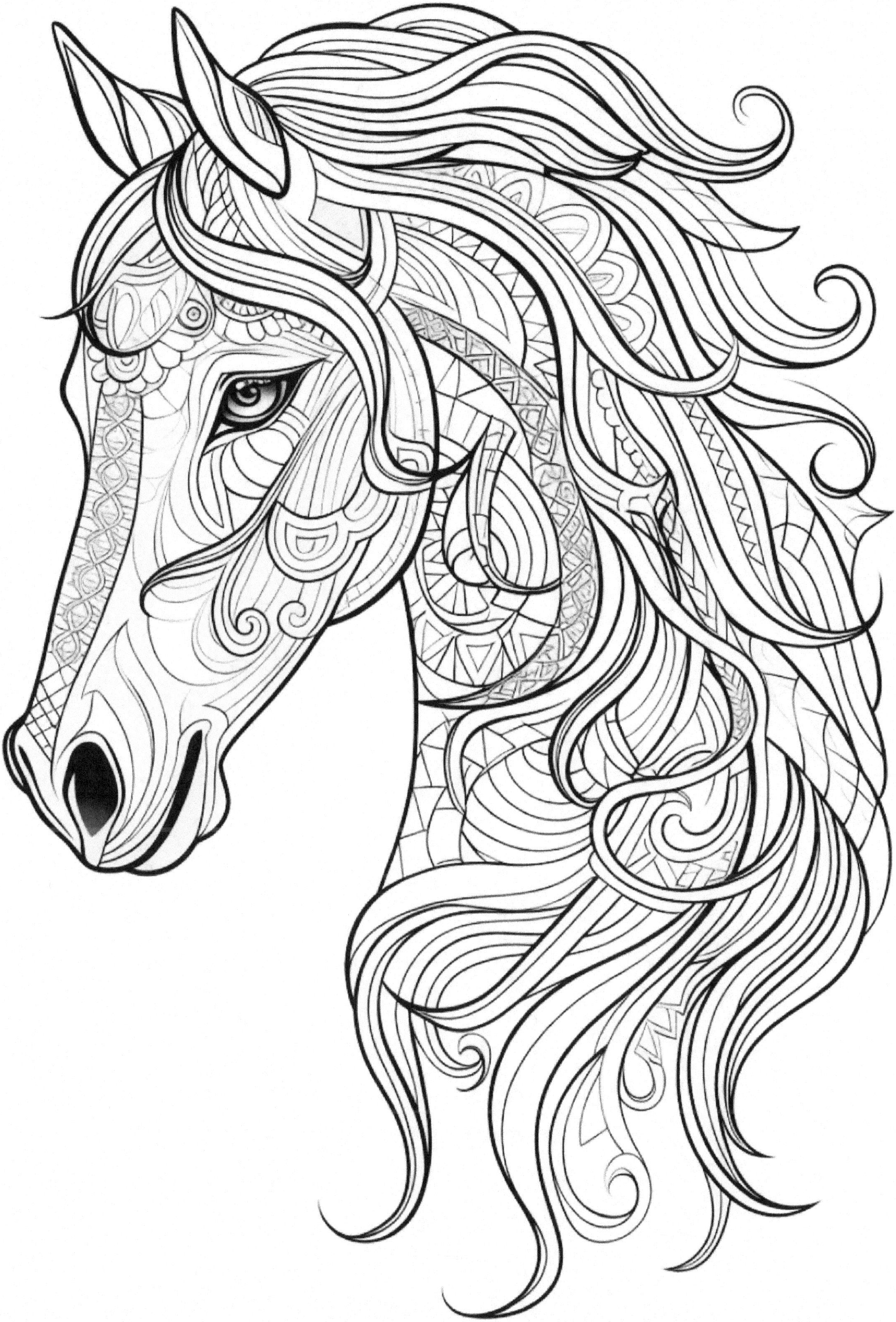

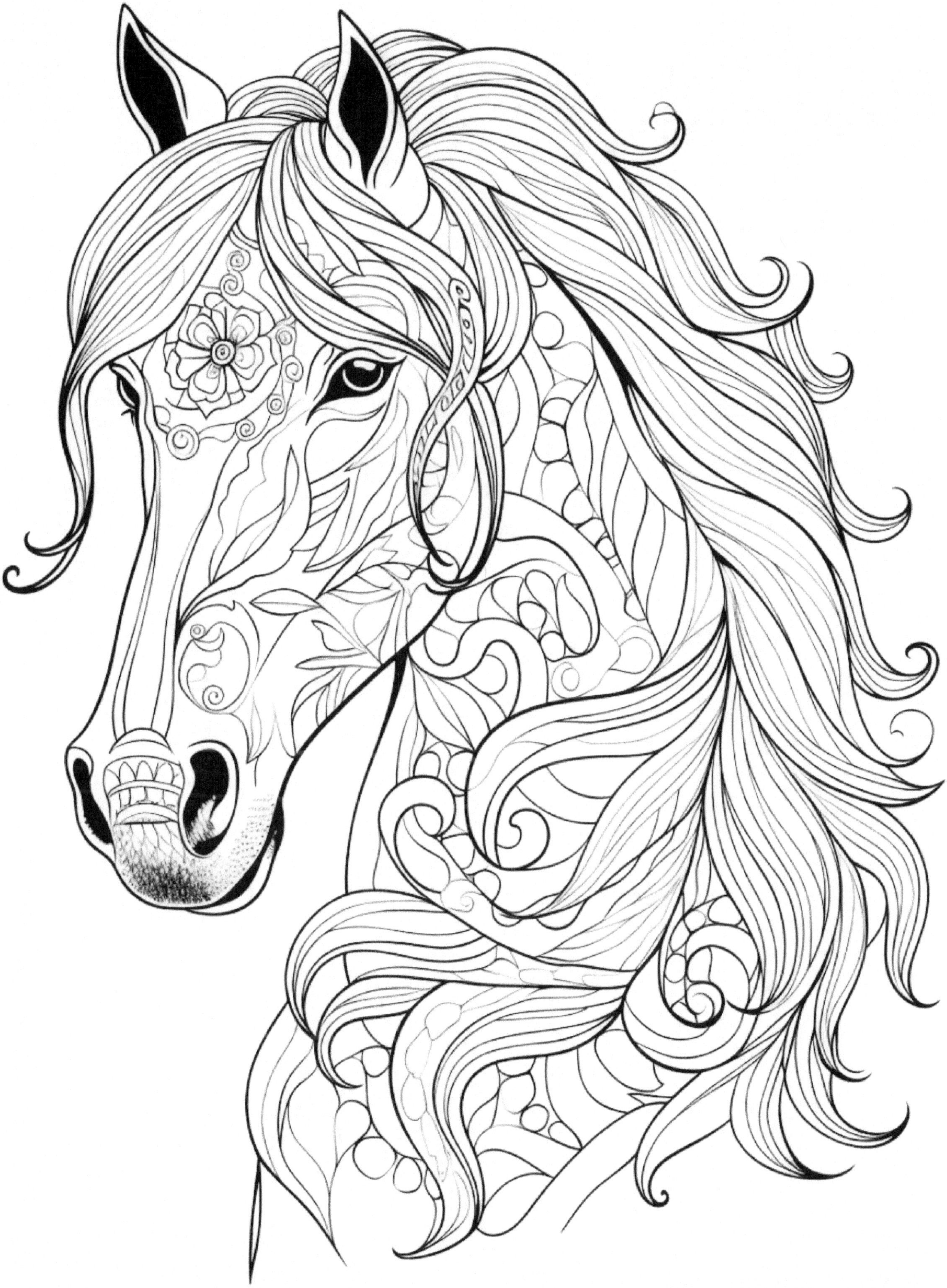

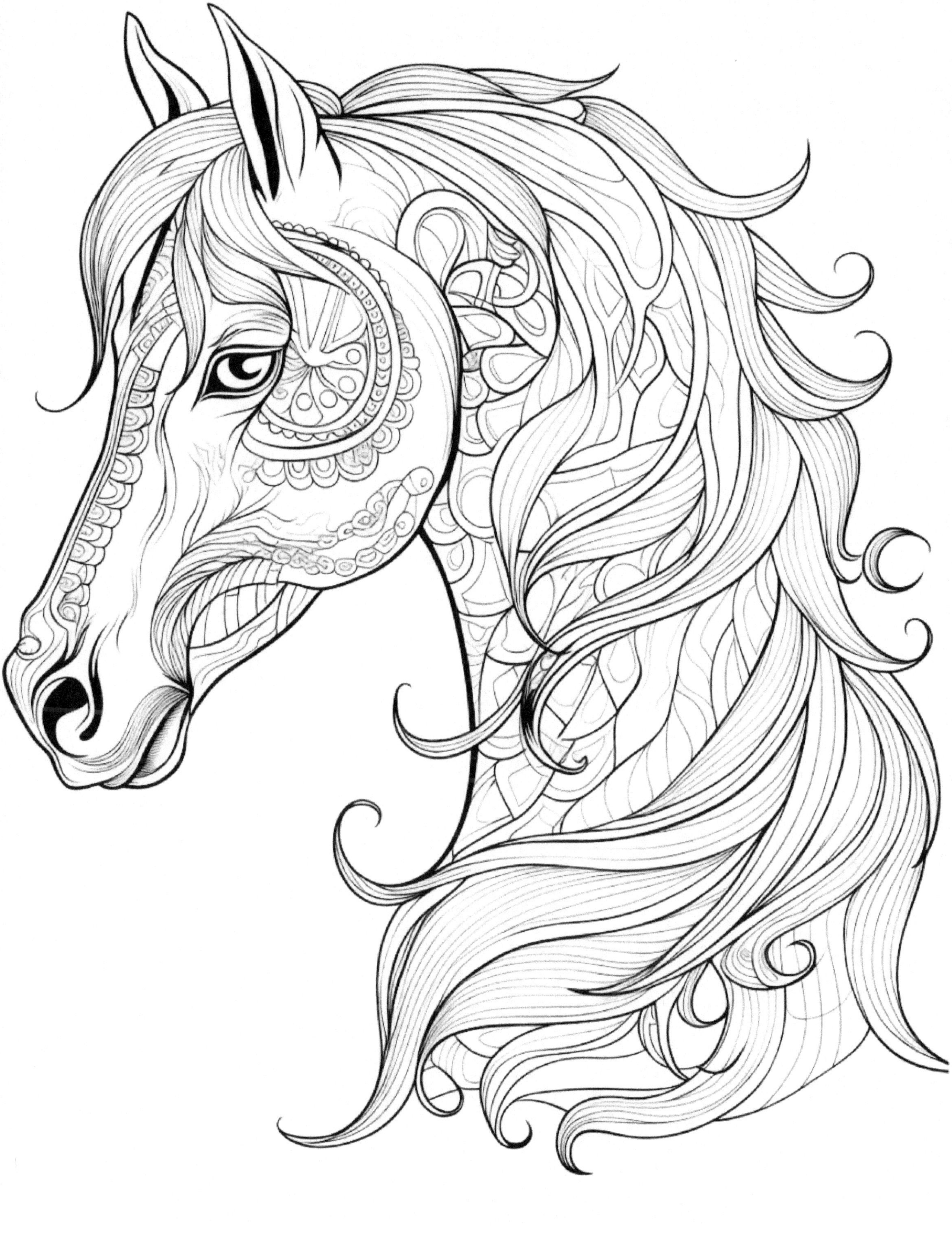

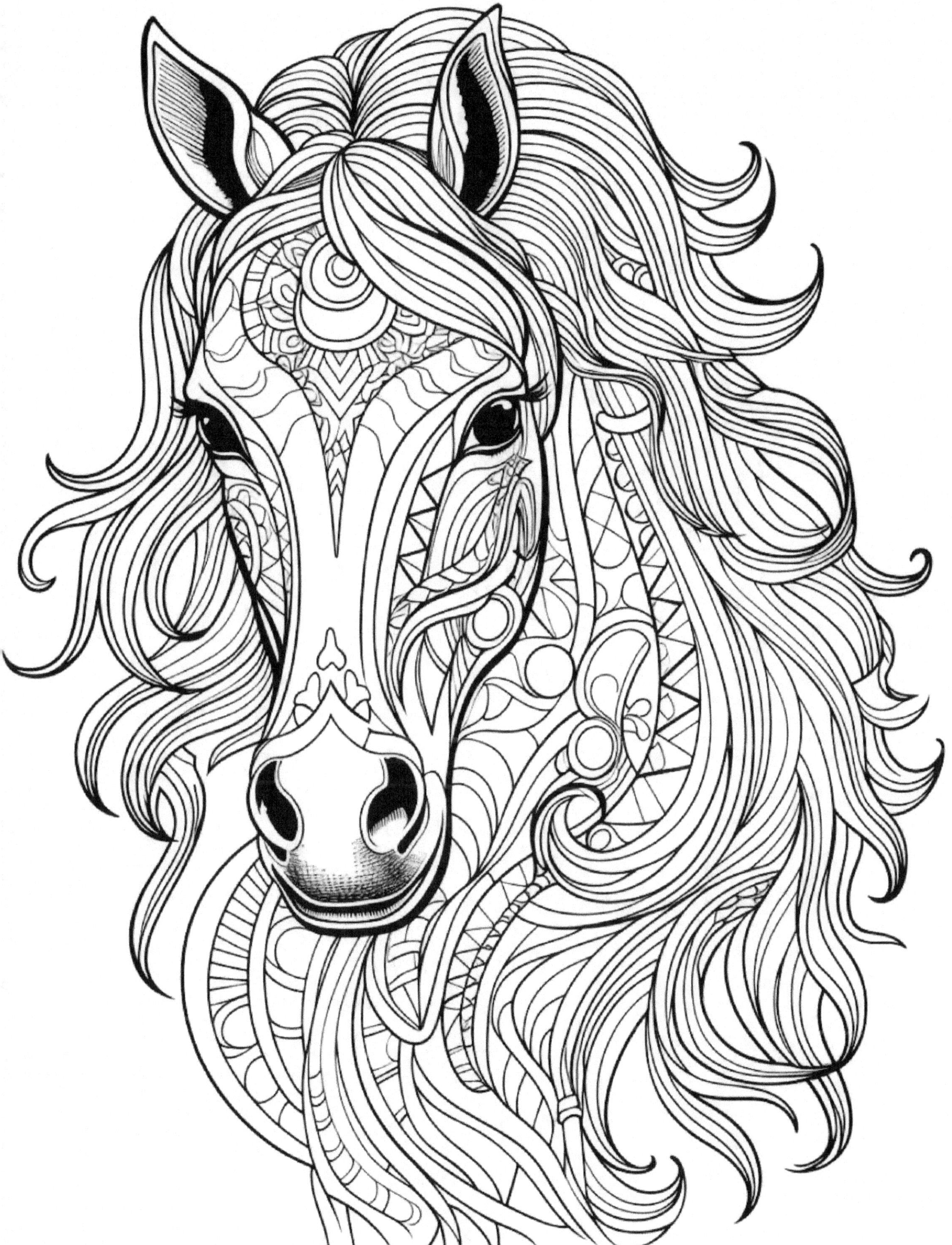

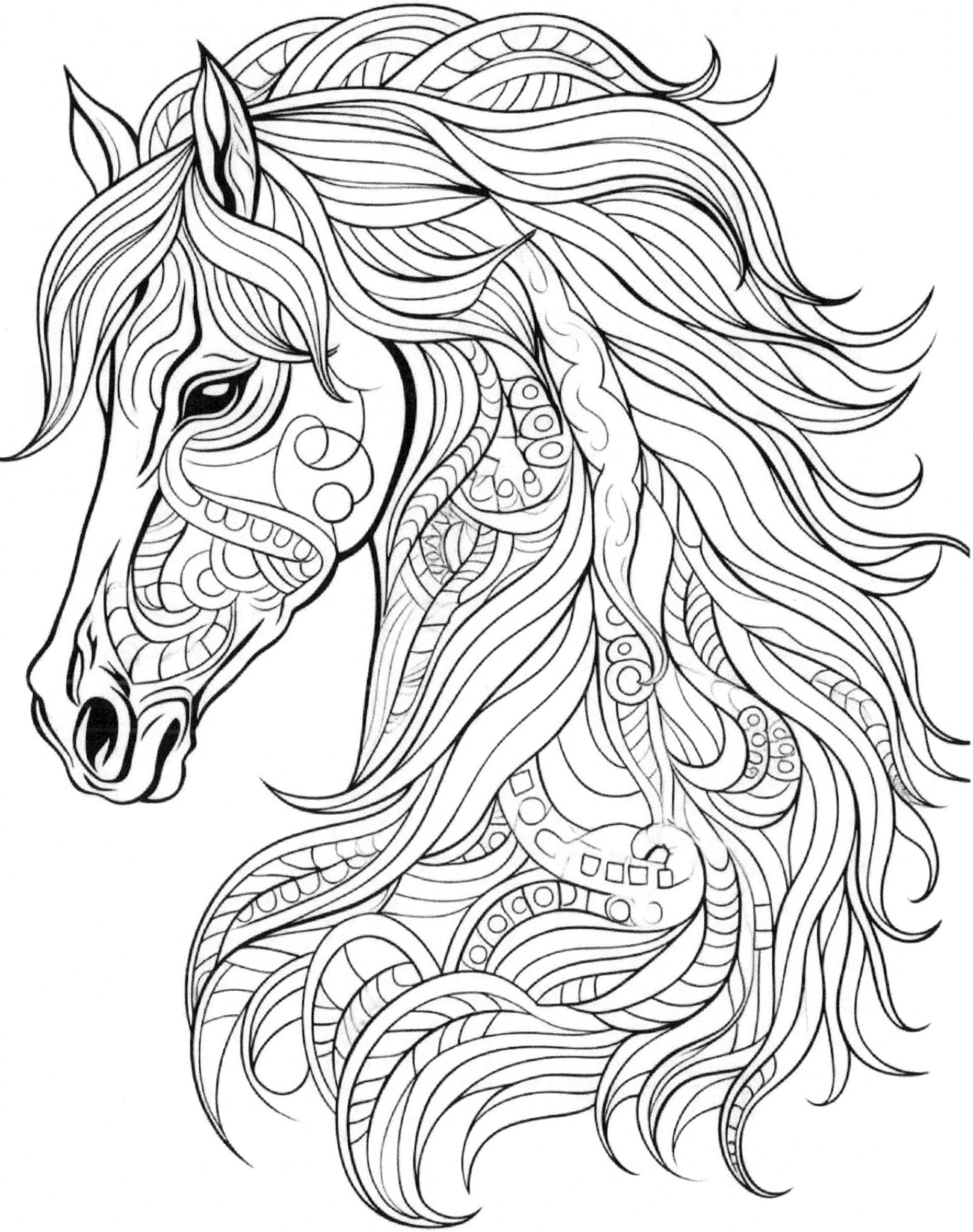

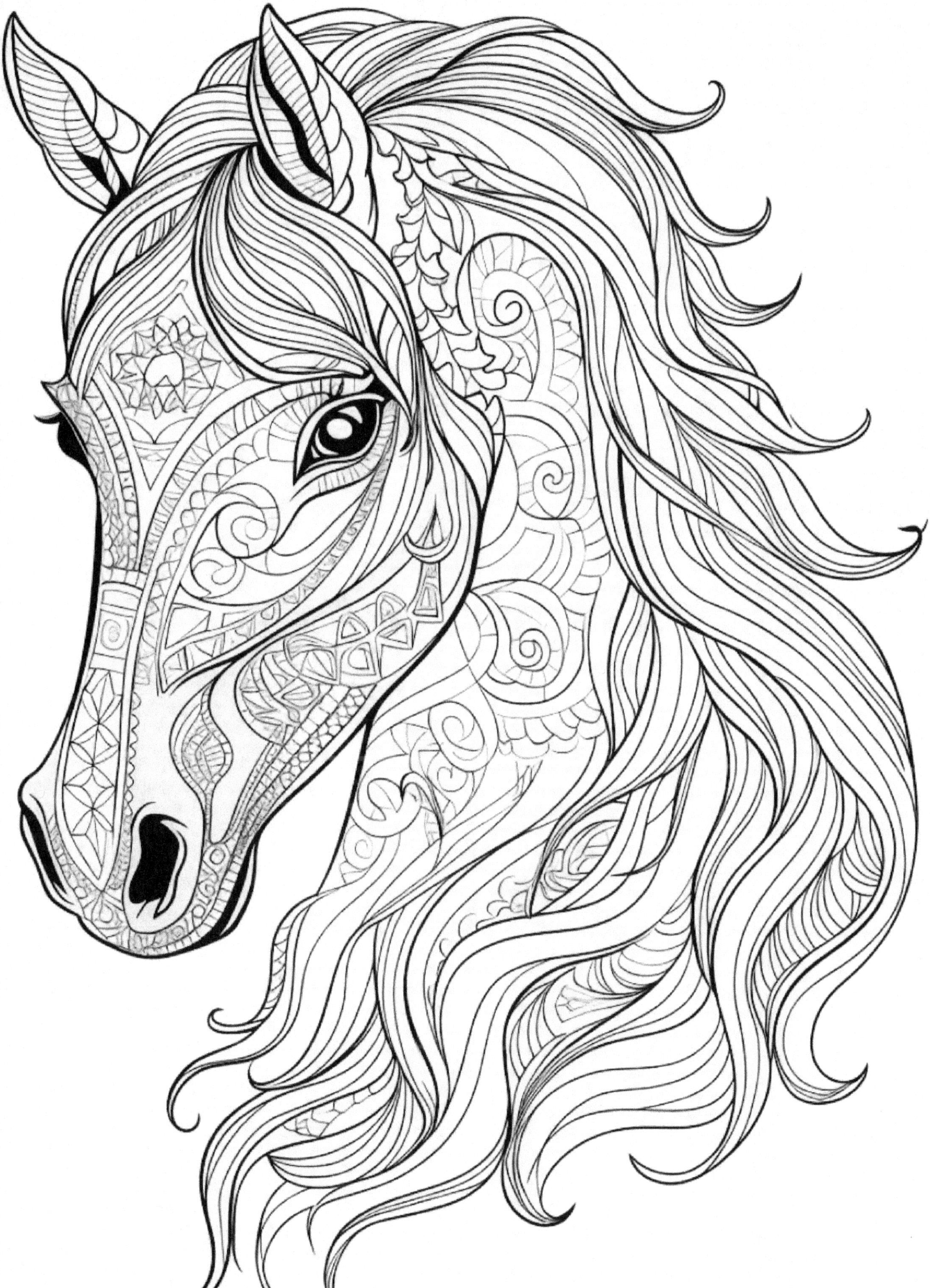

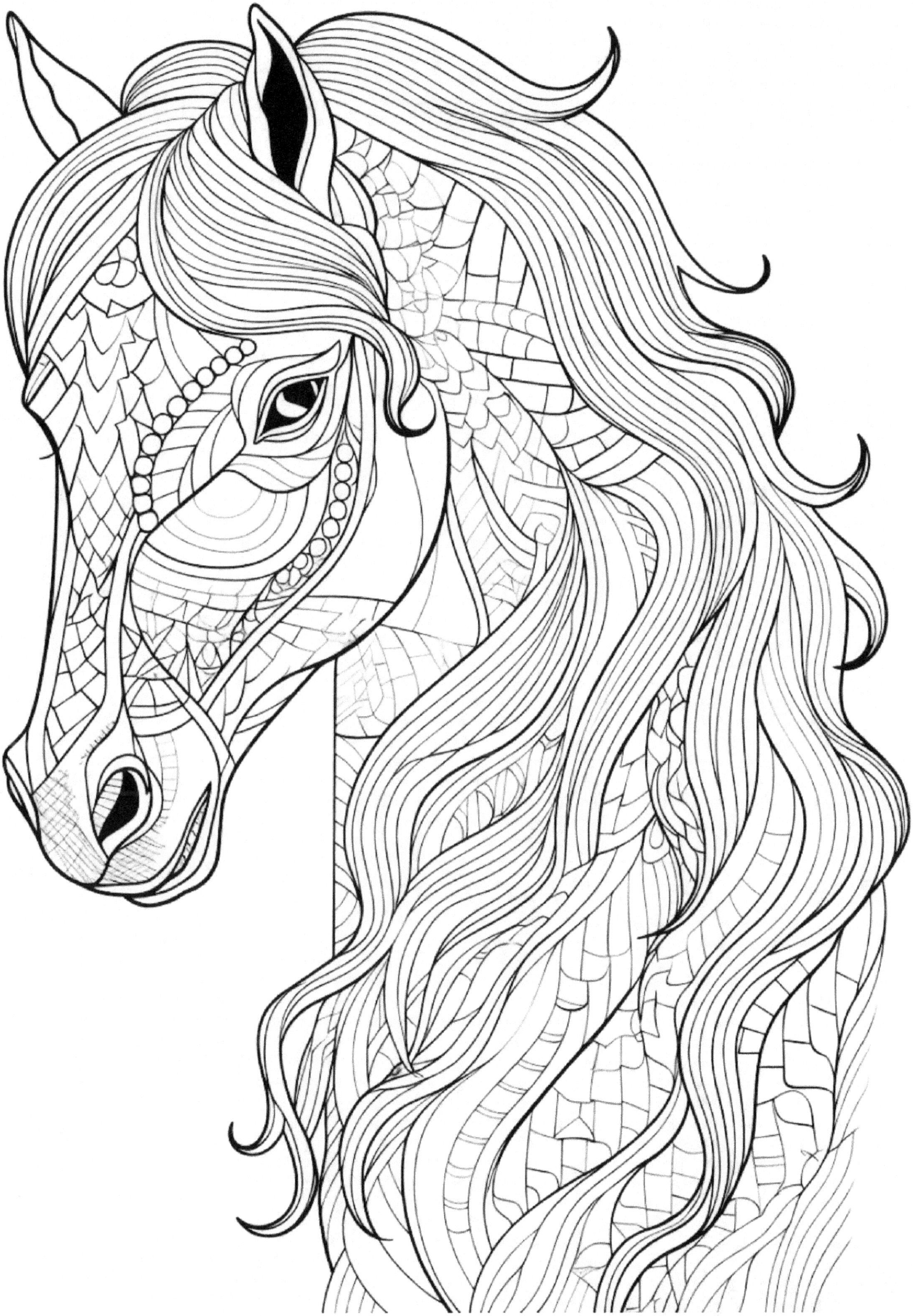

www.ingramcontent.com/pod-product-compliance
Lightning Source LLC
Chambersburg PA
CBHW062119220526
45471CB00010B/3793
* 9 7 9 8 3 2 3 6 1 1 4 4 7 *